I0843666

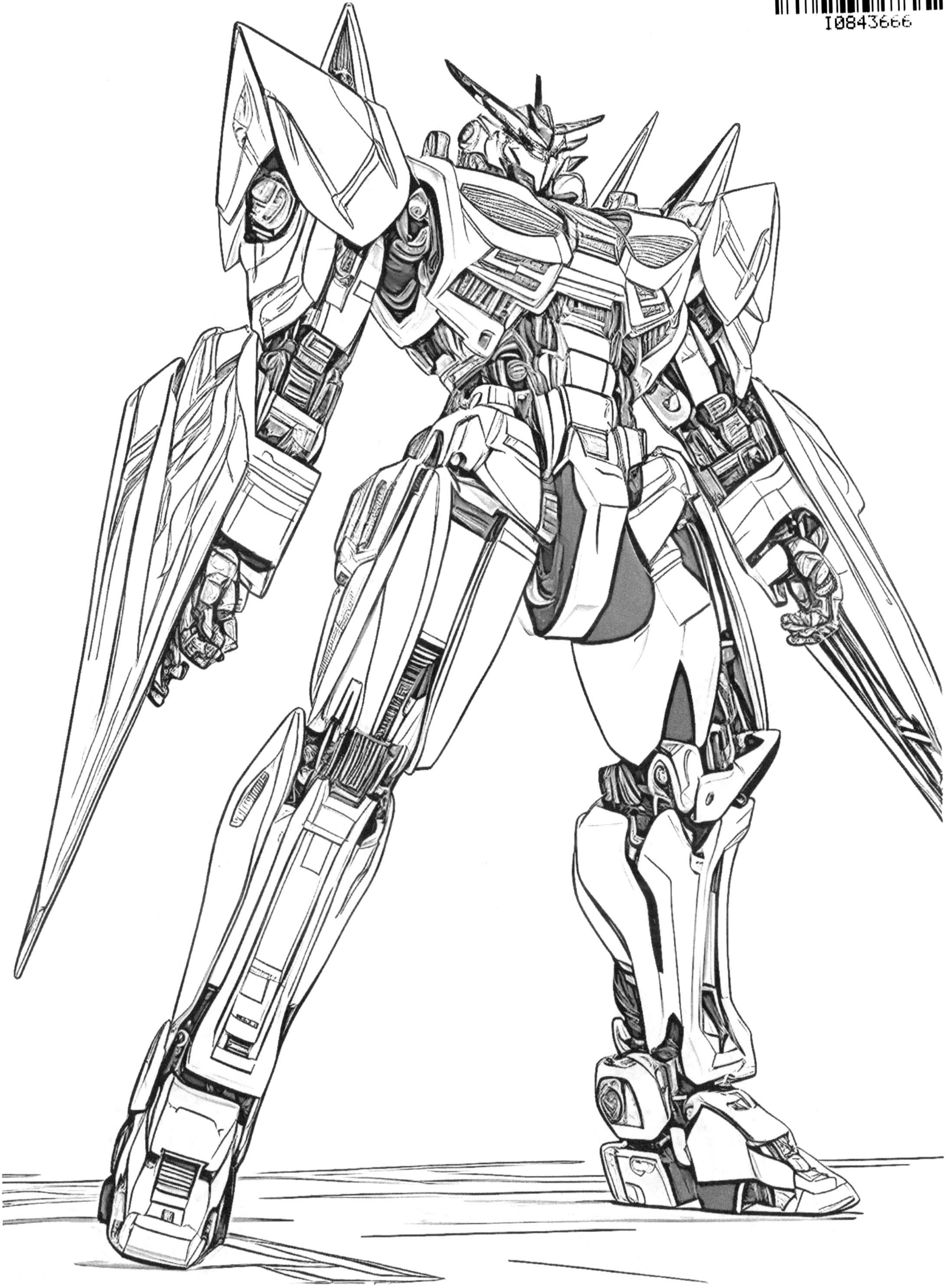

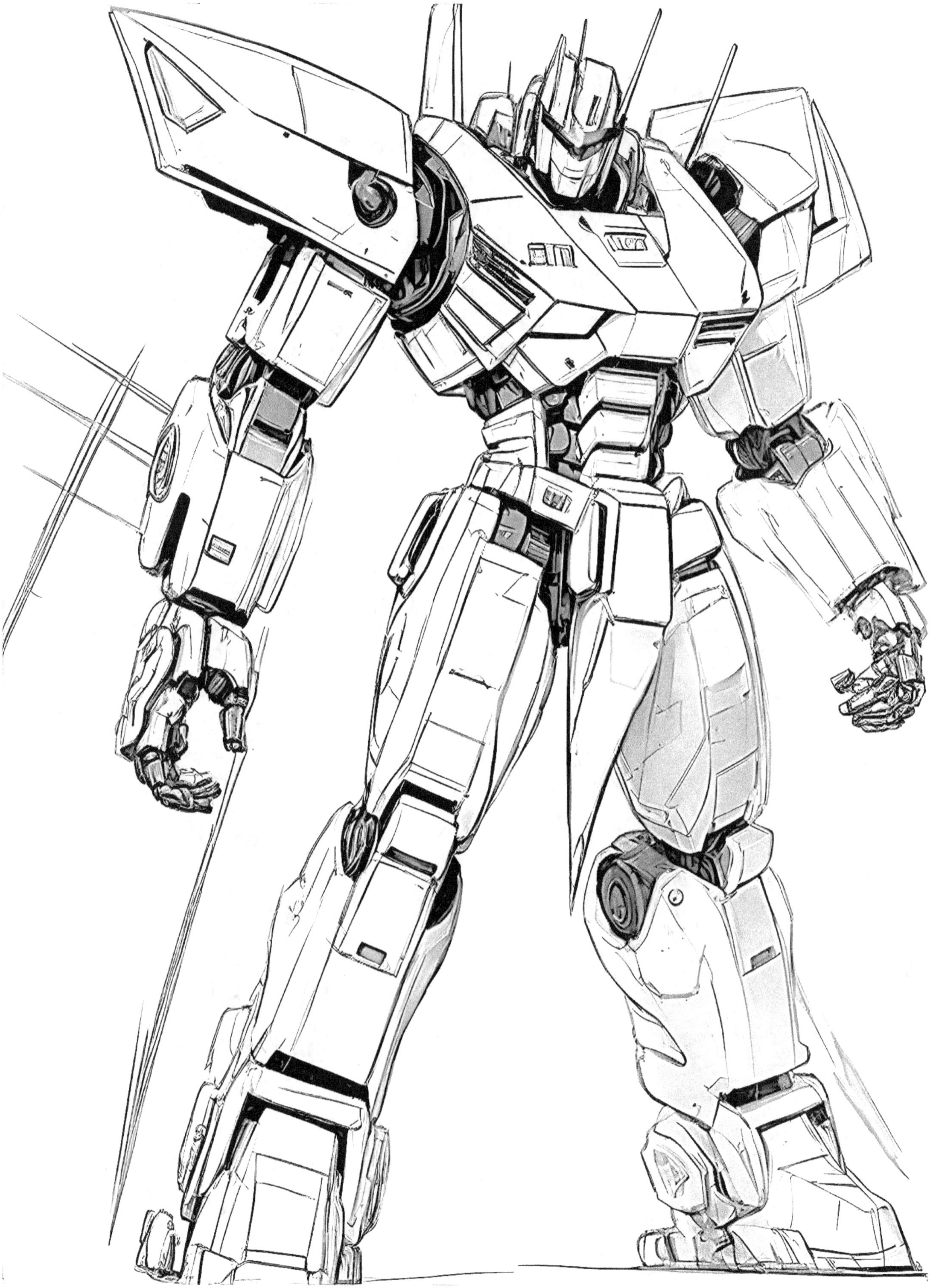

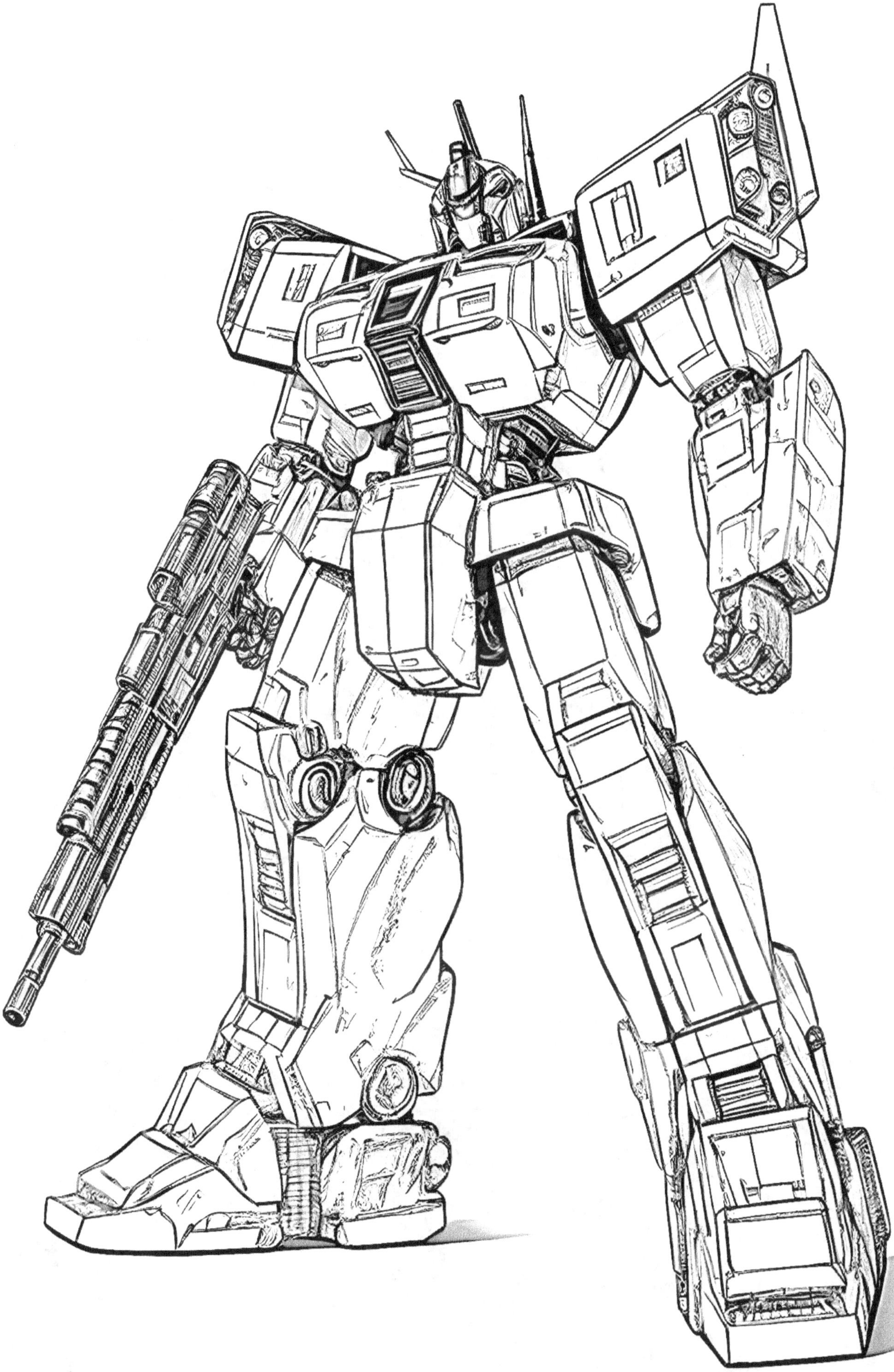

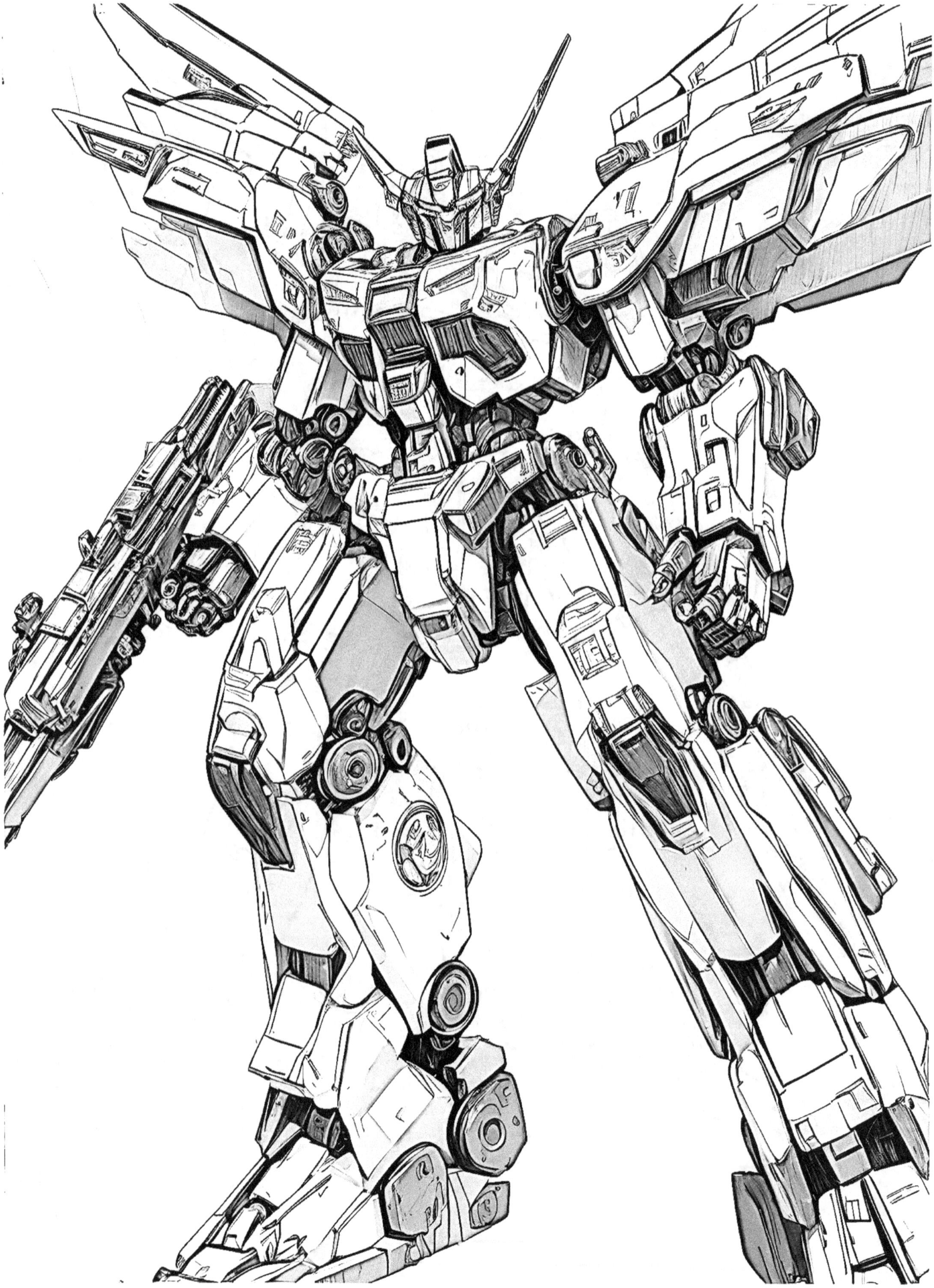

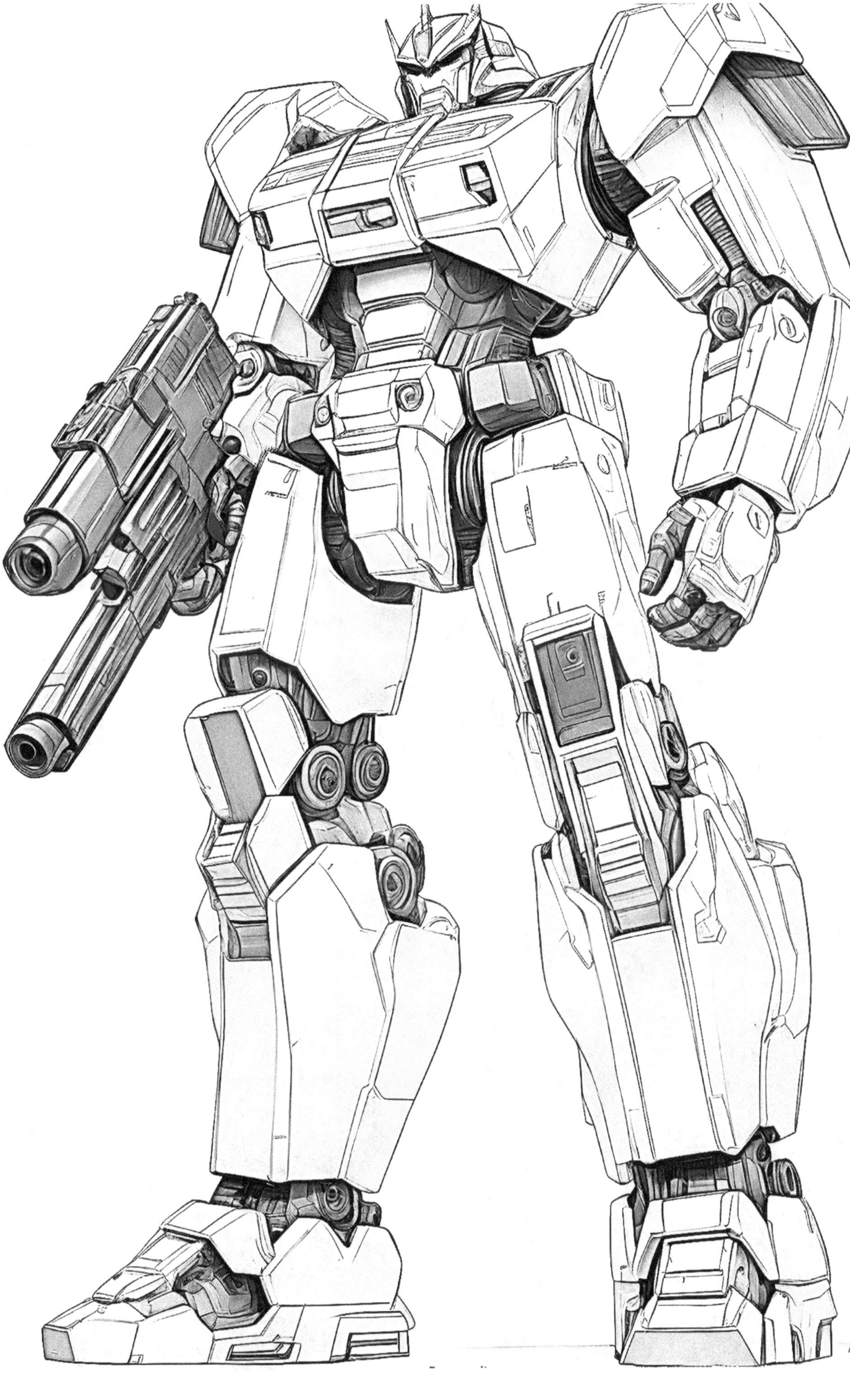

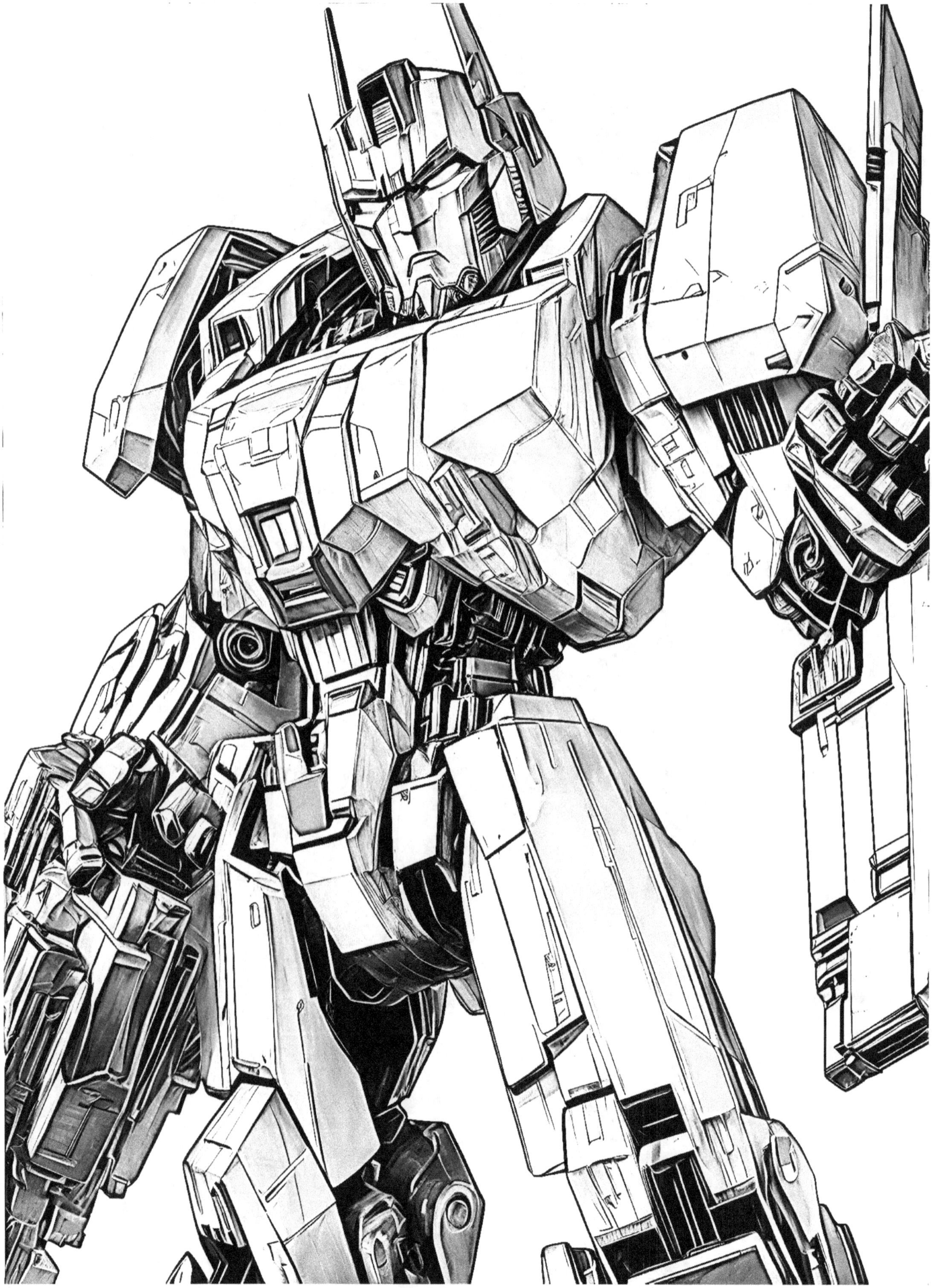

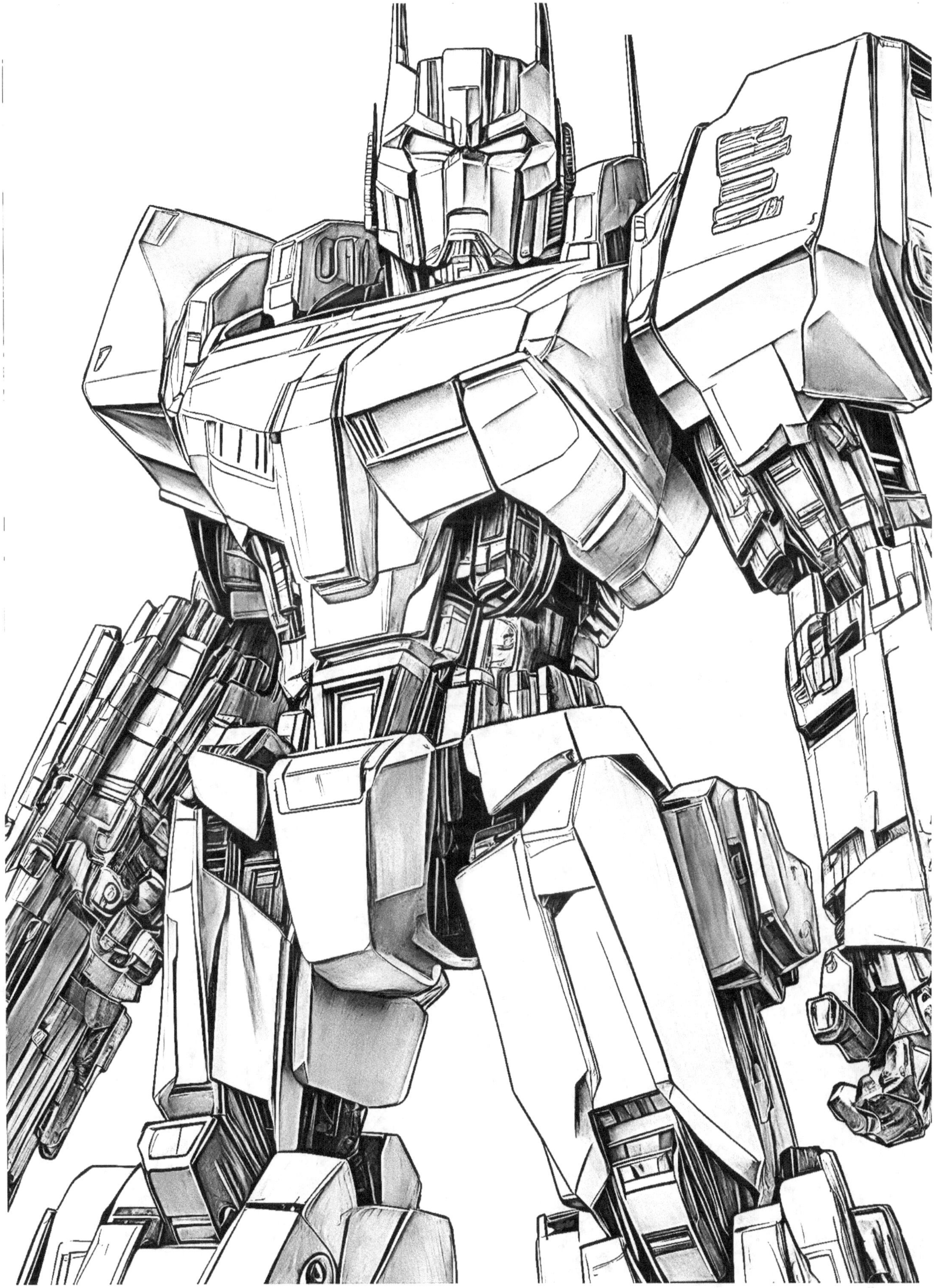

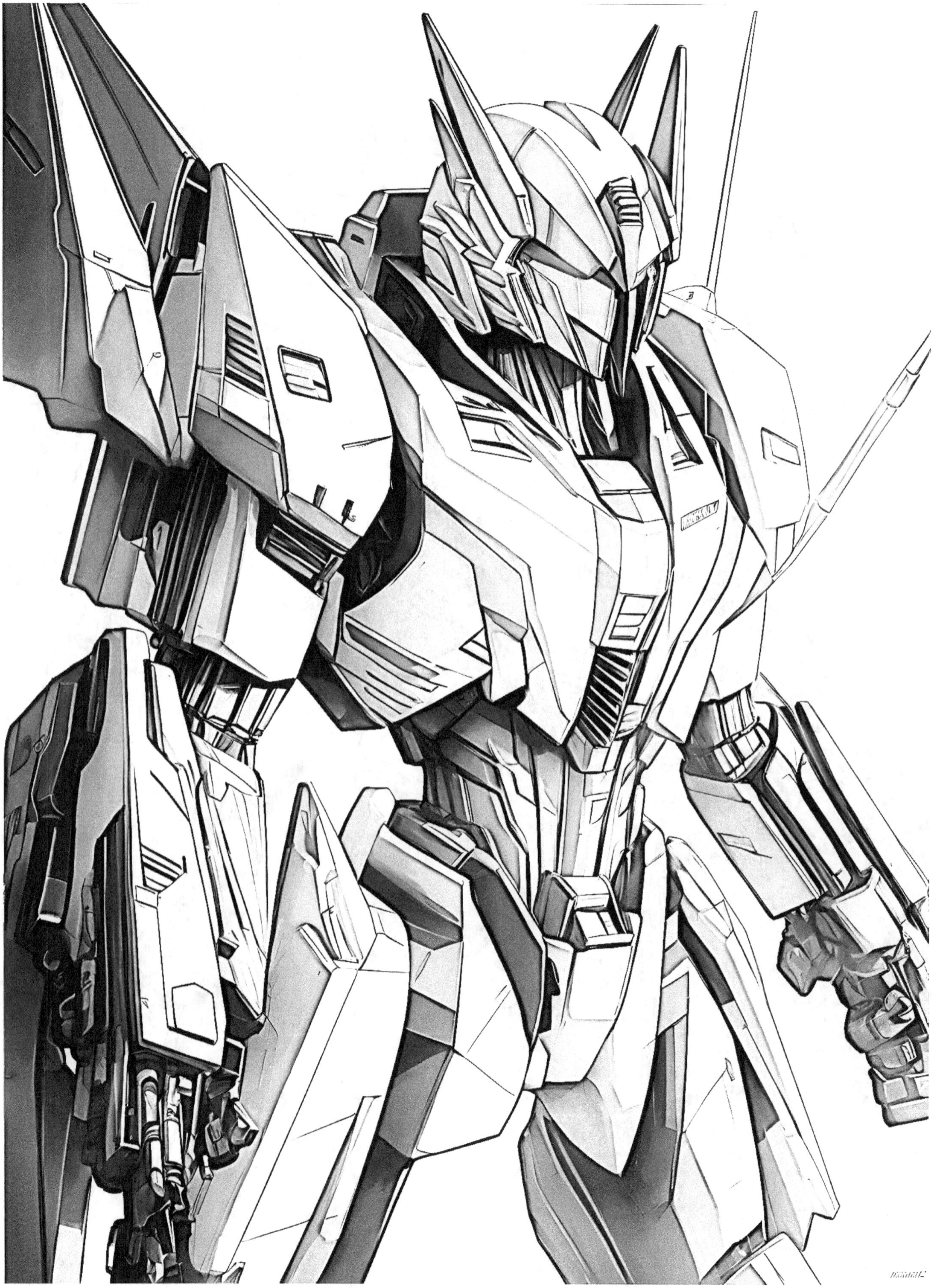

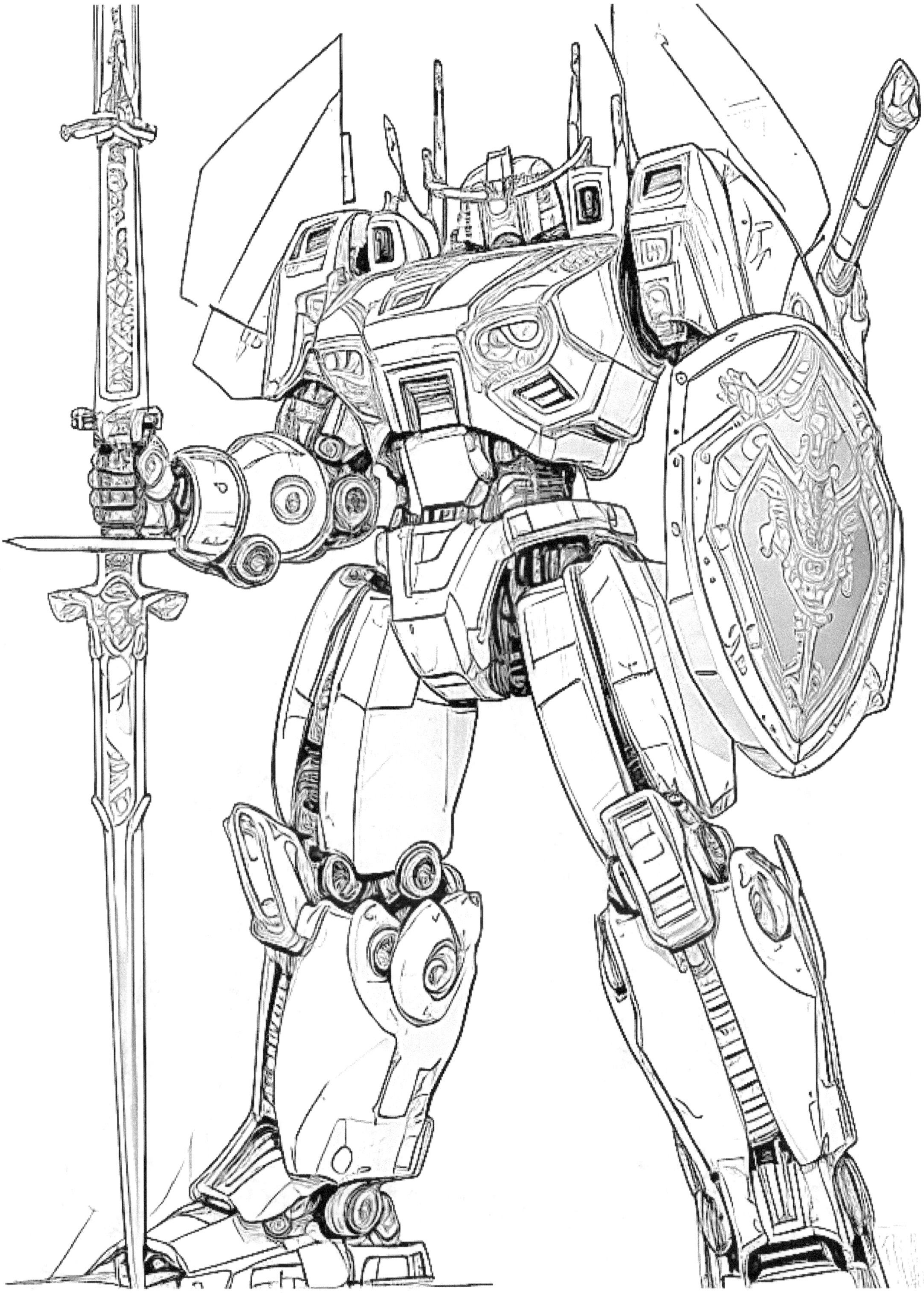

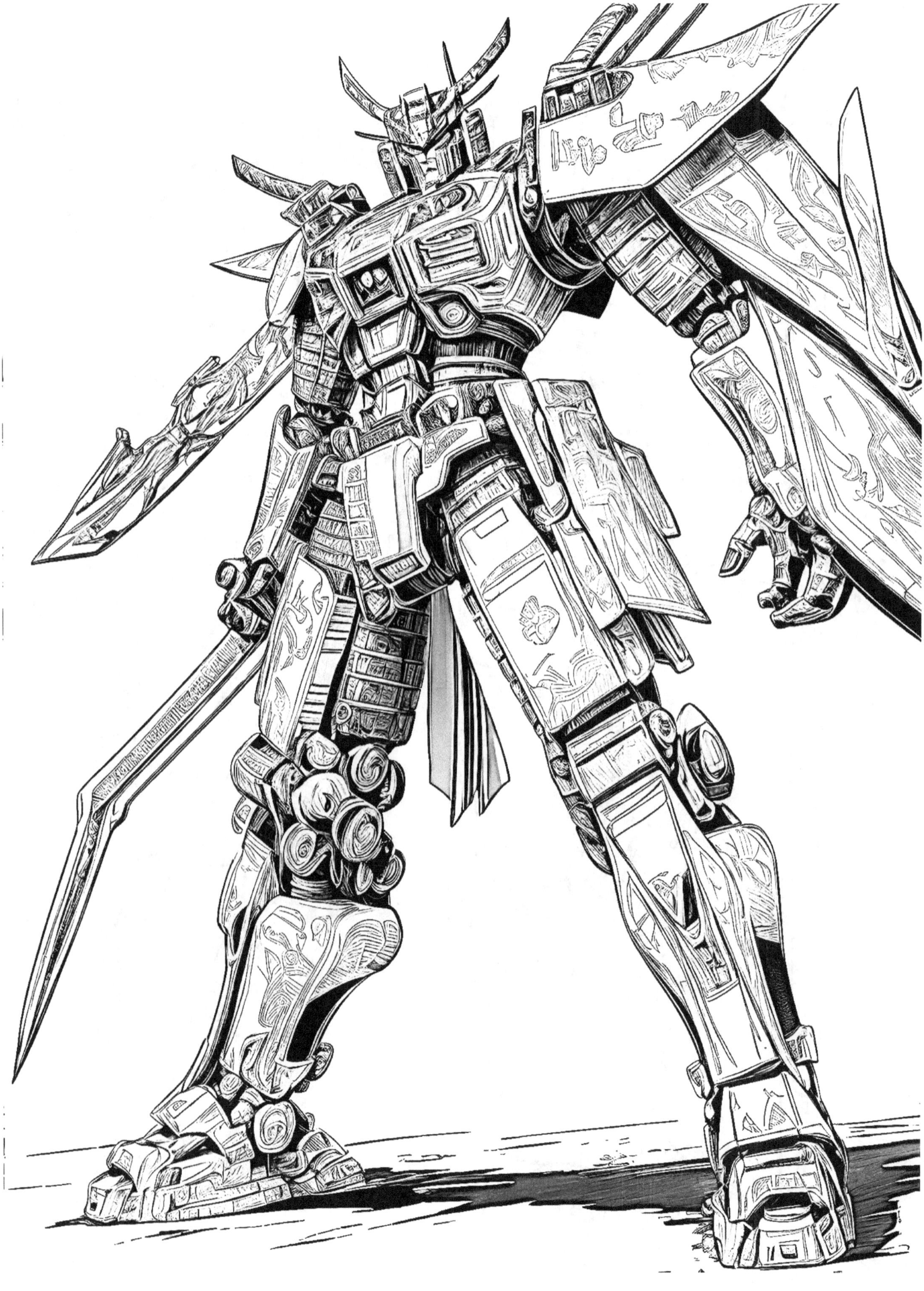

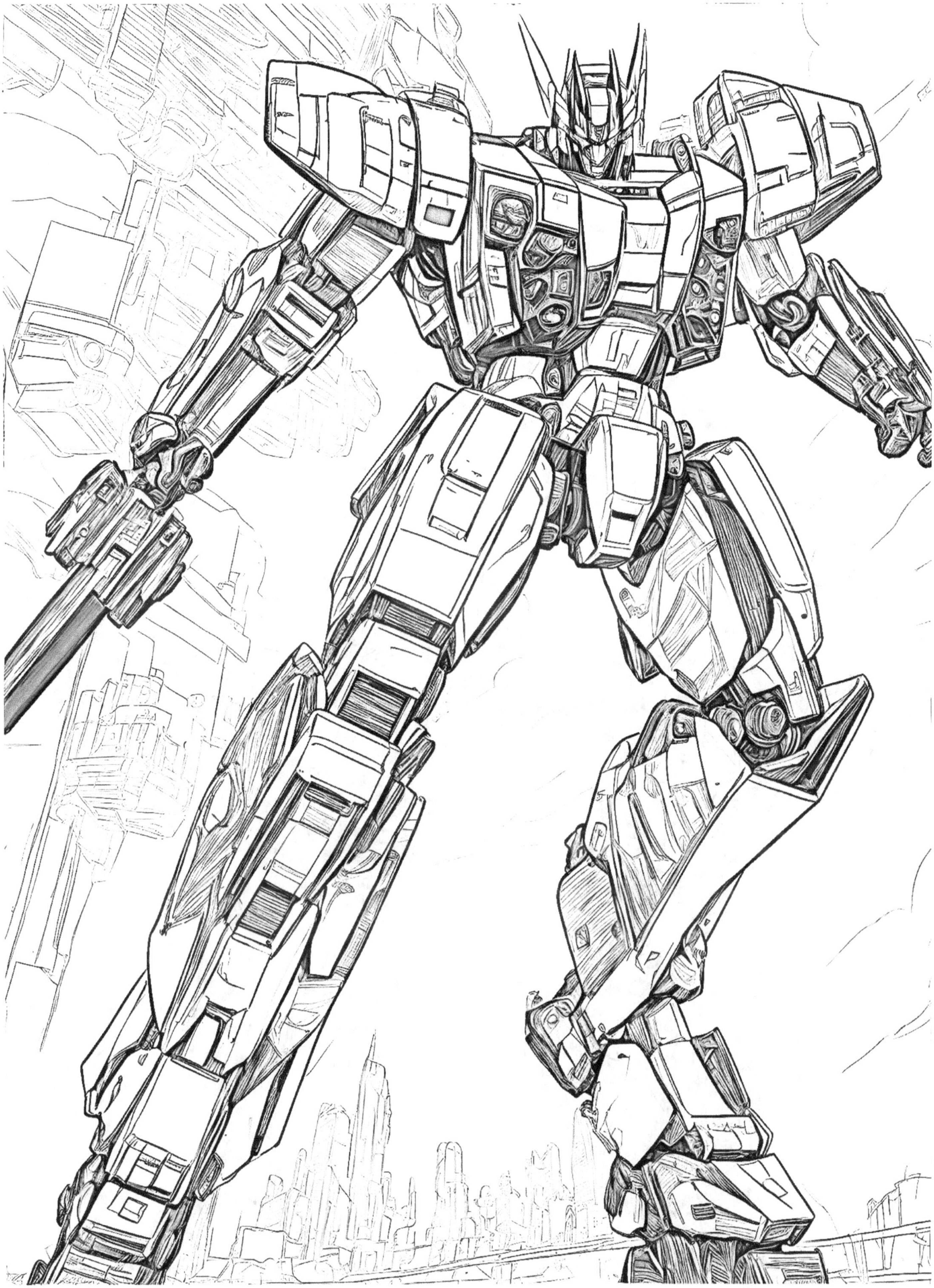

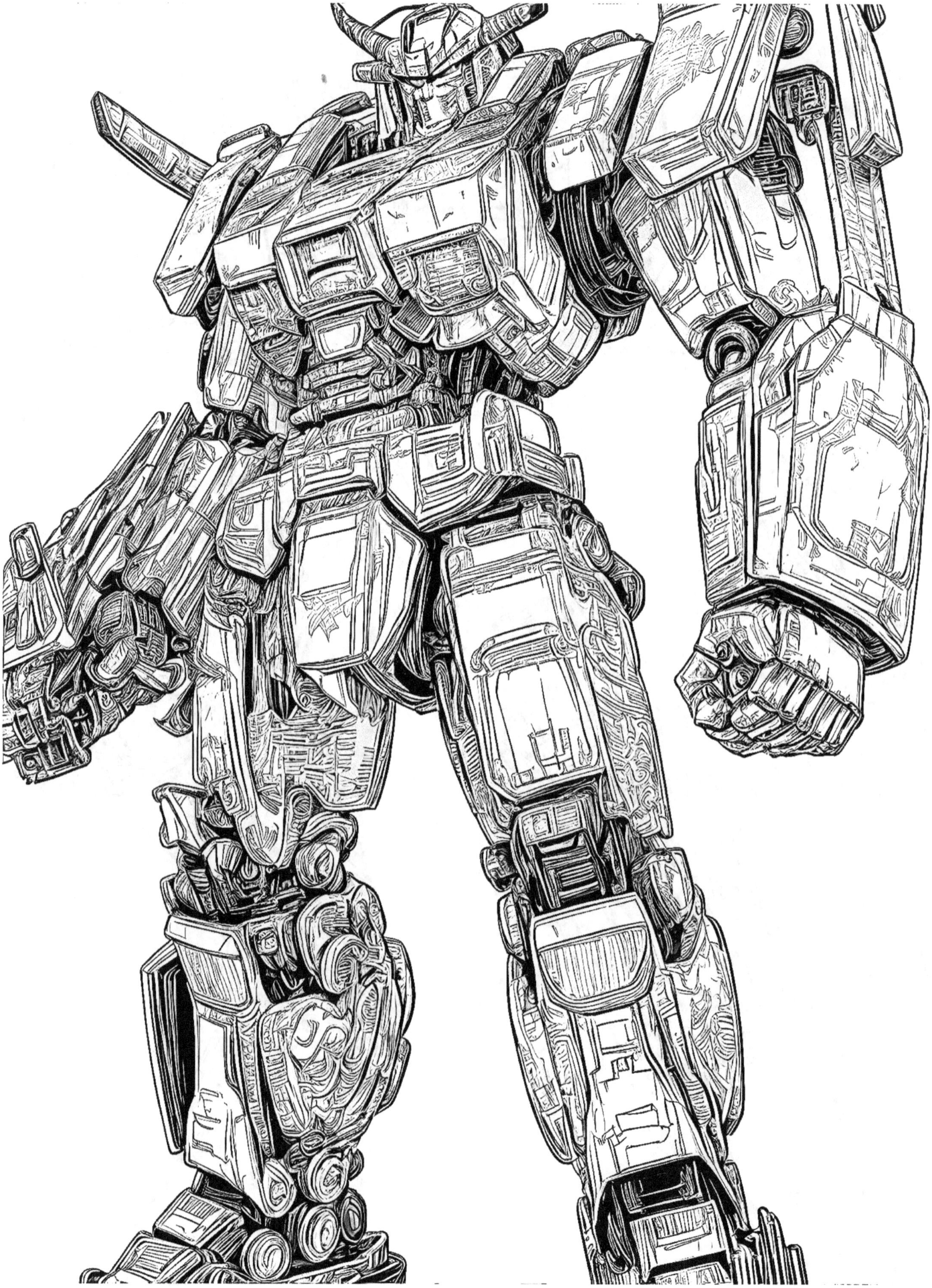

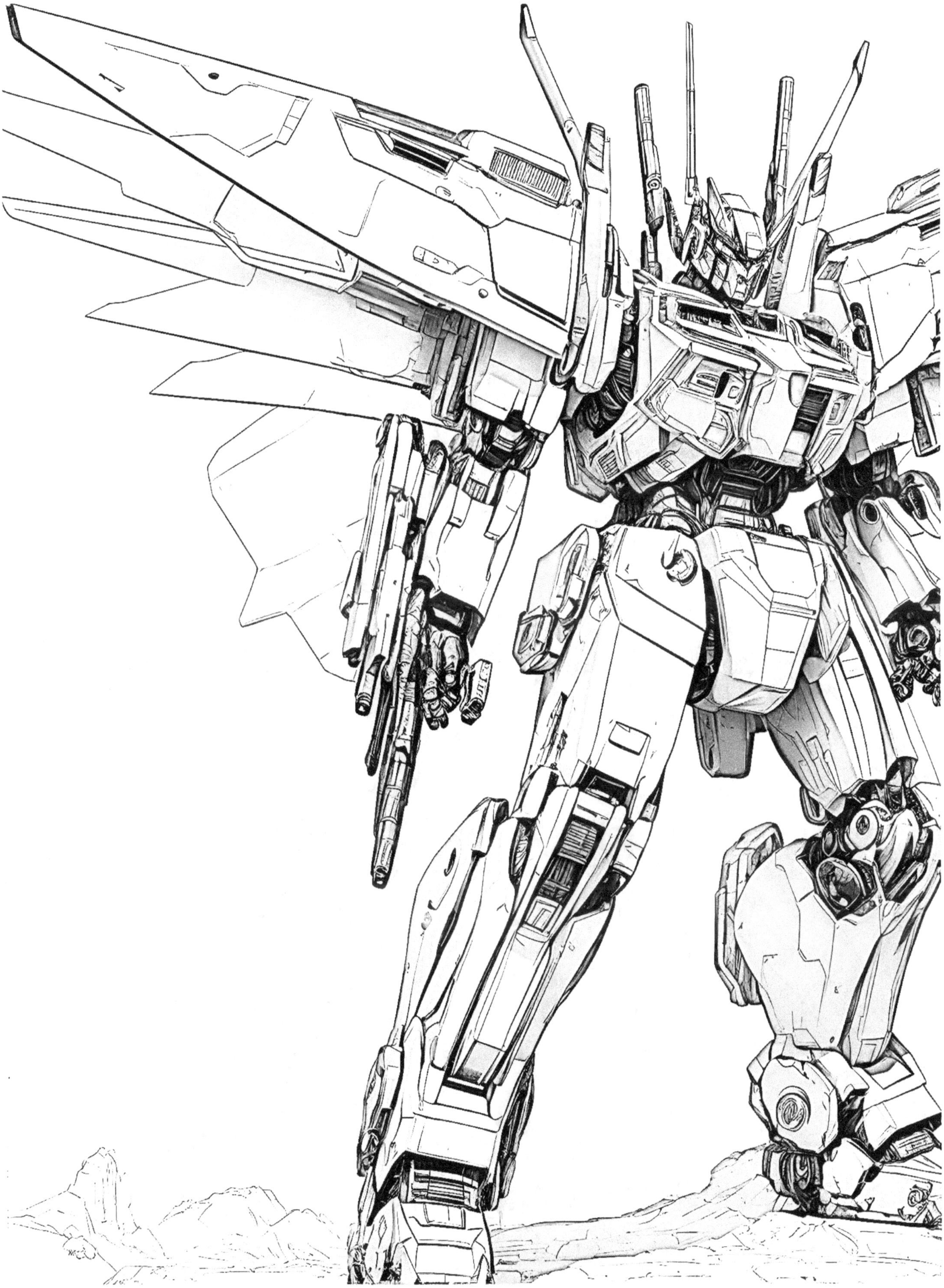

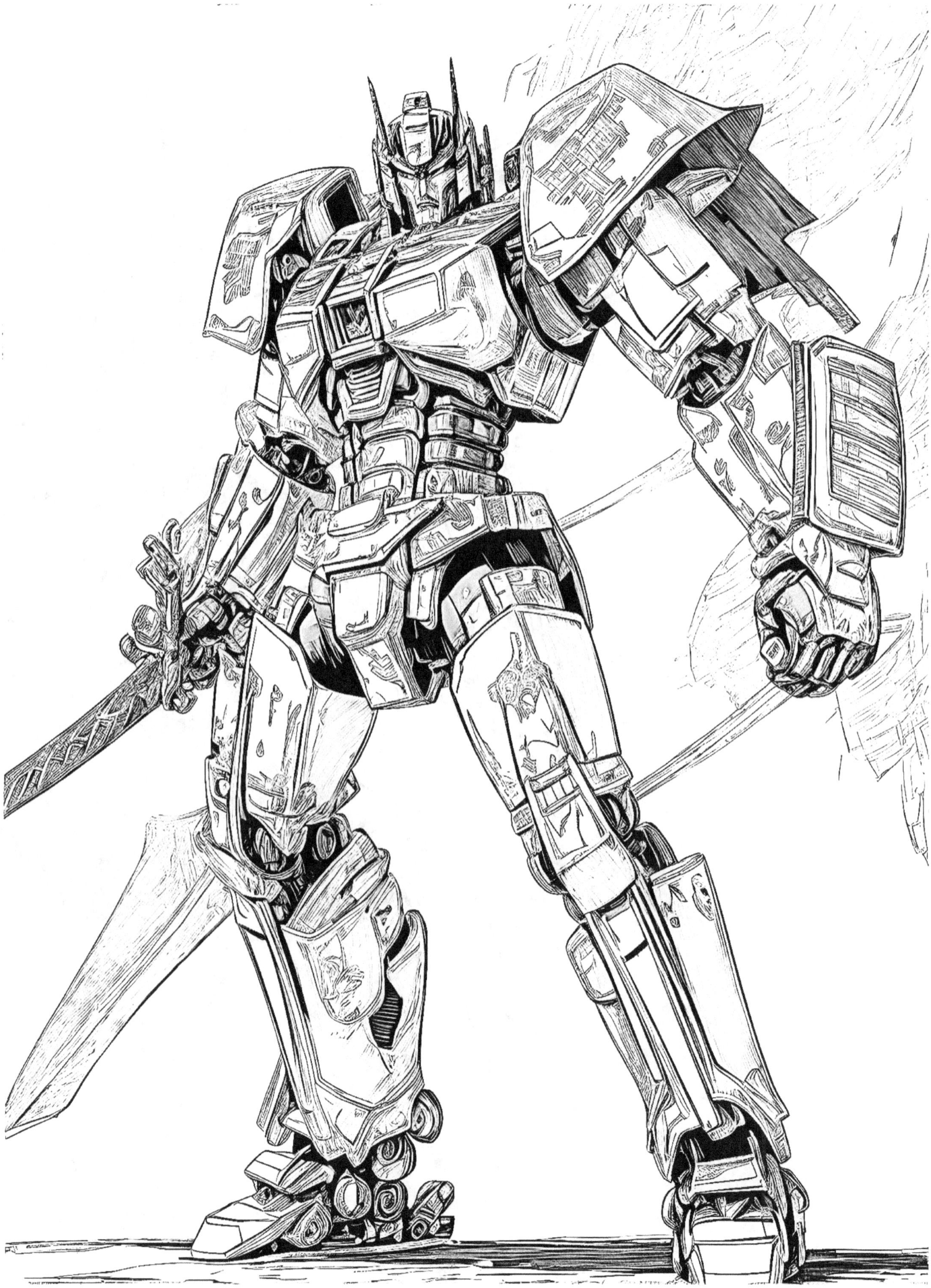

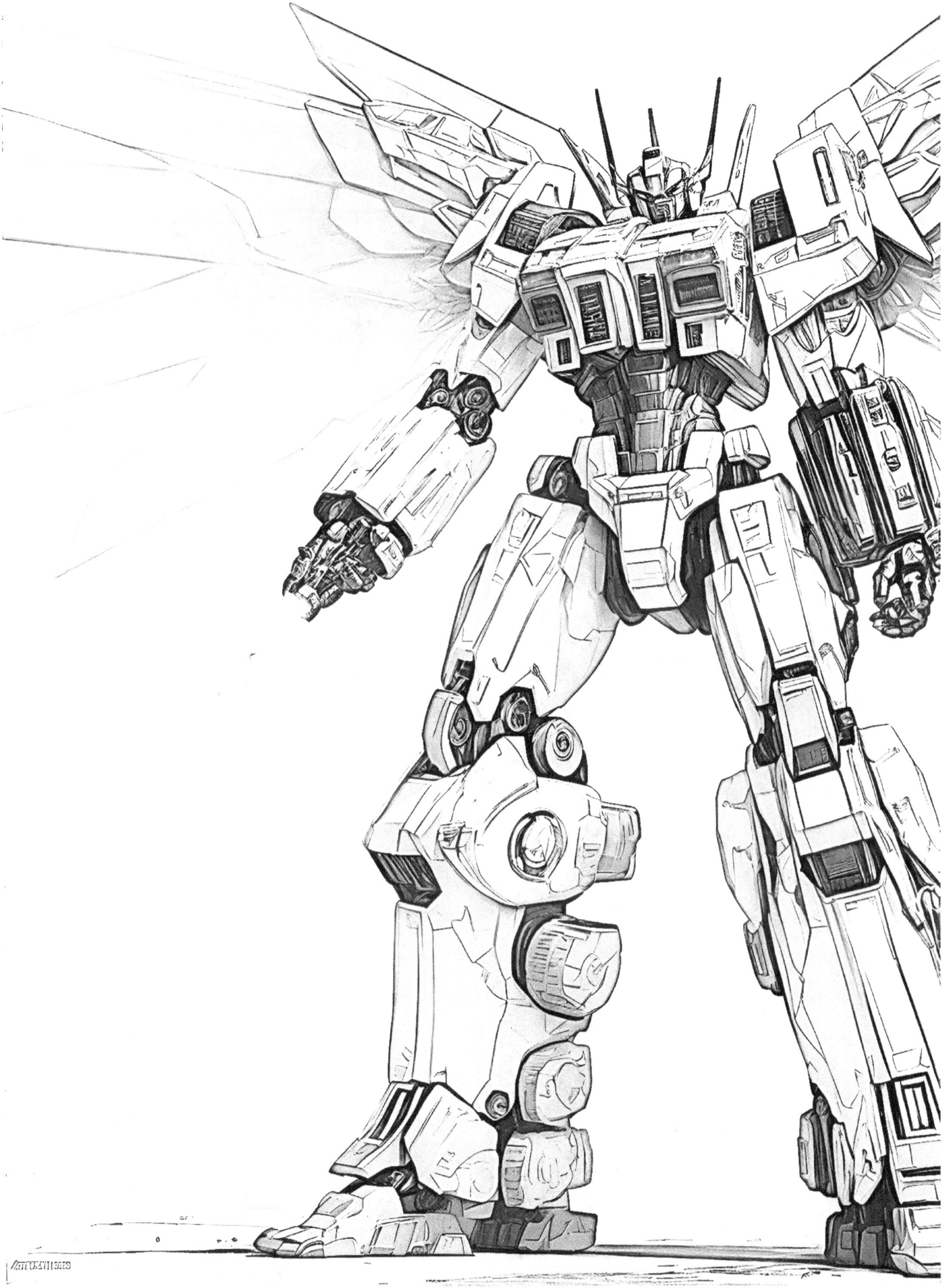

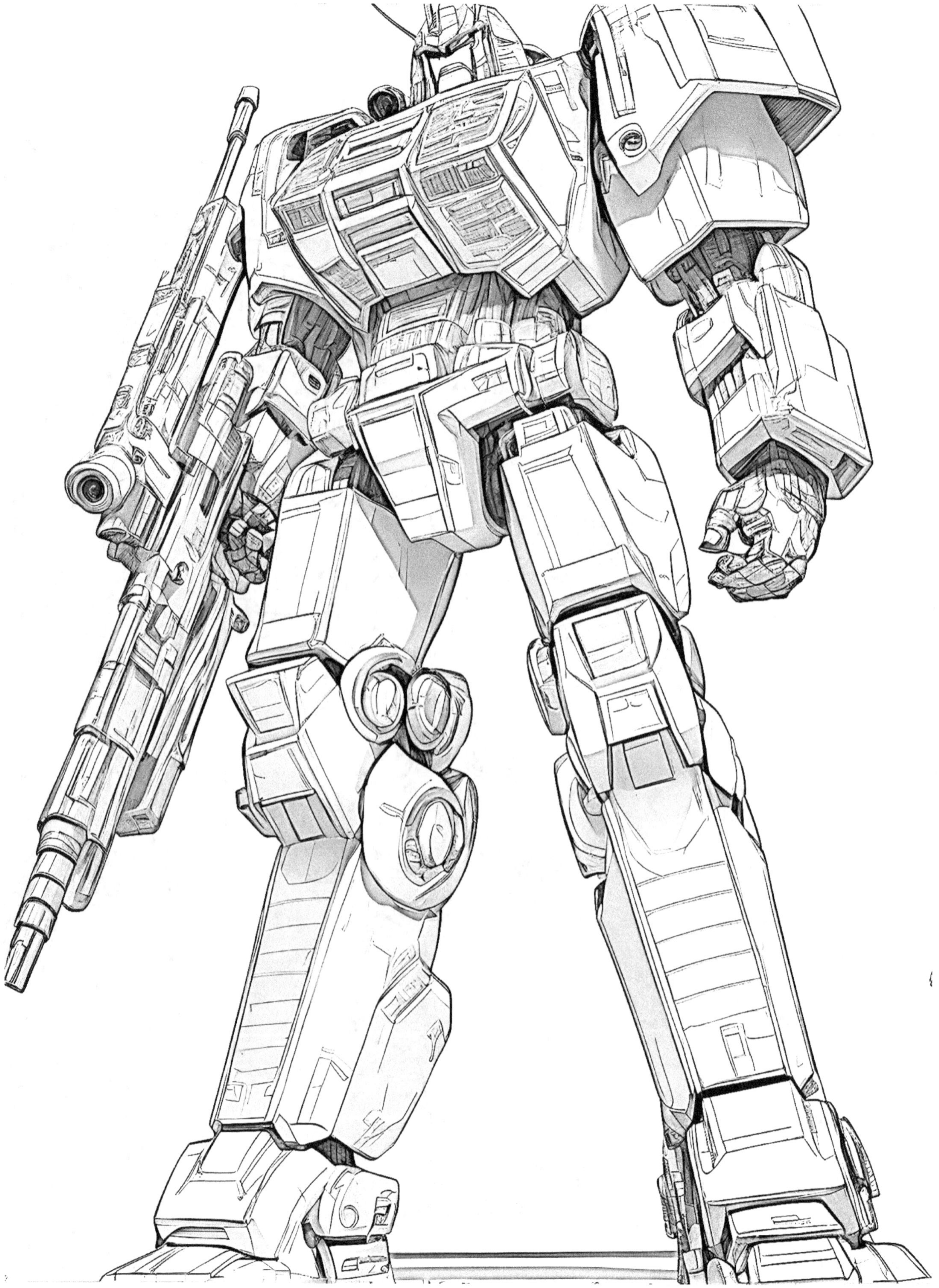

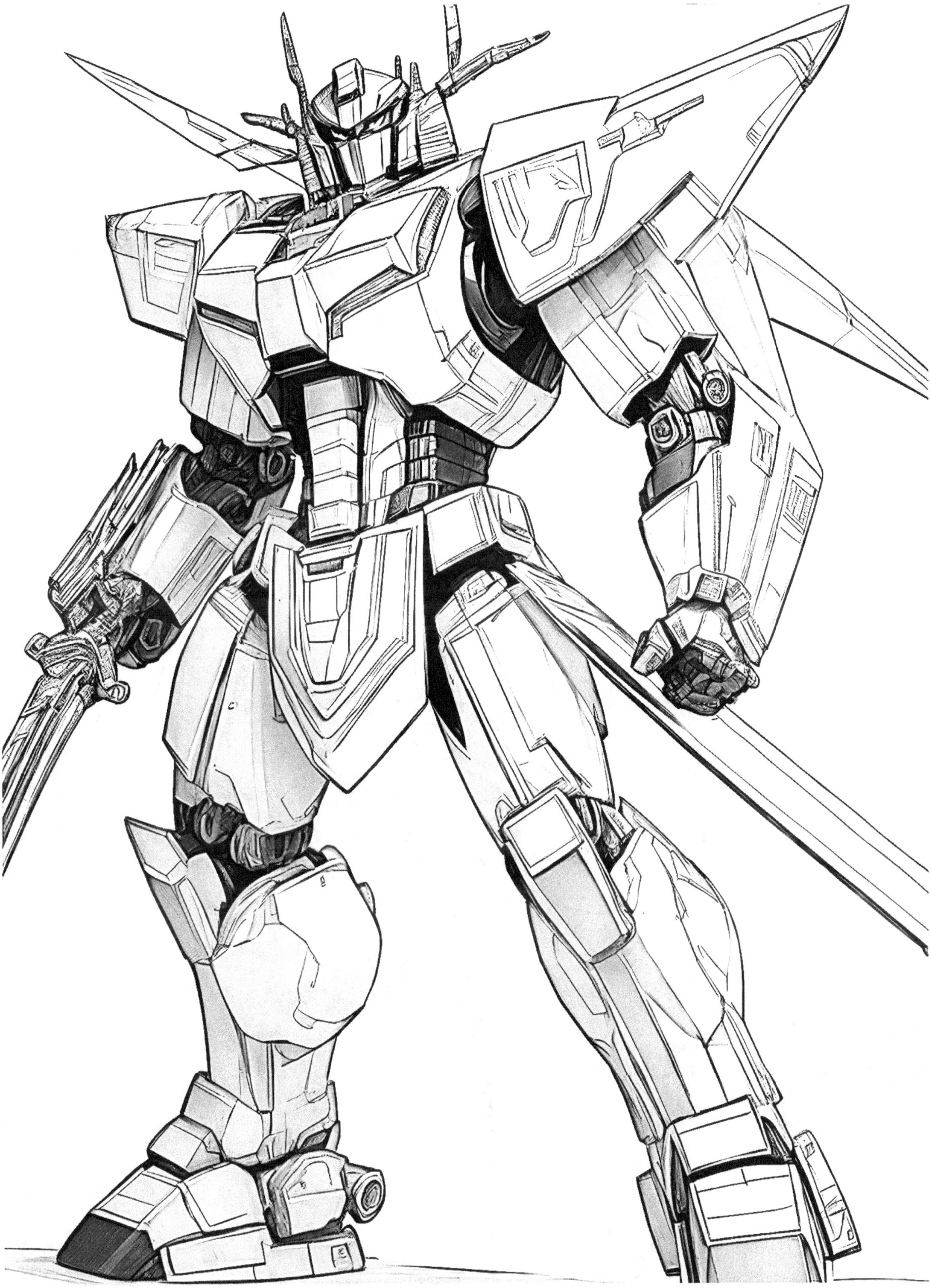

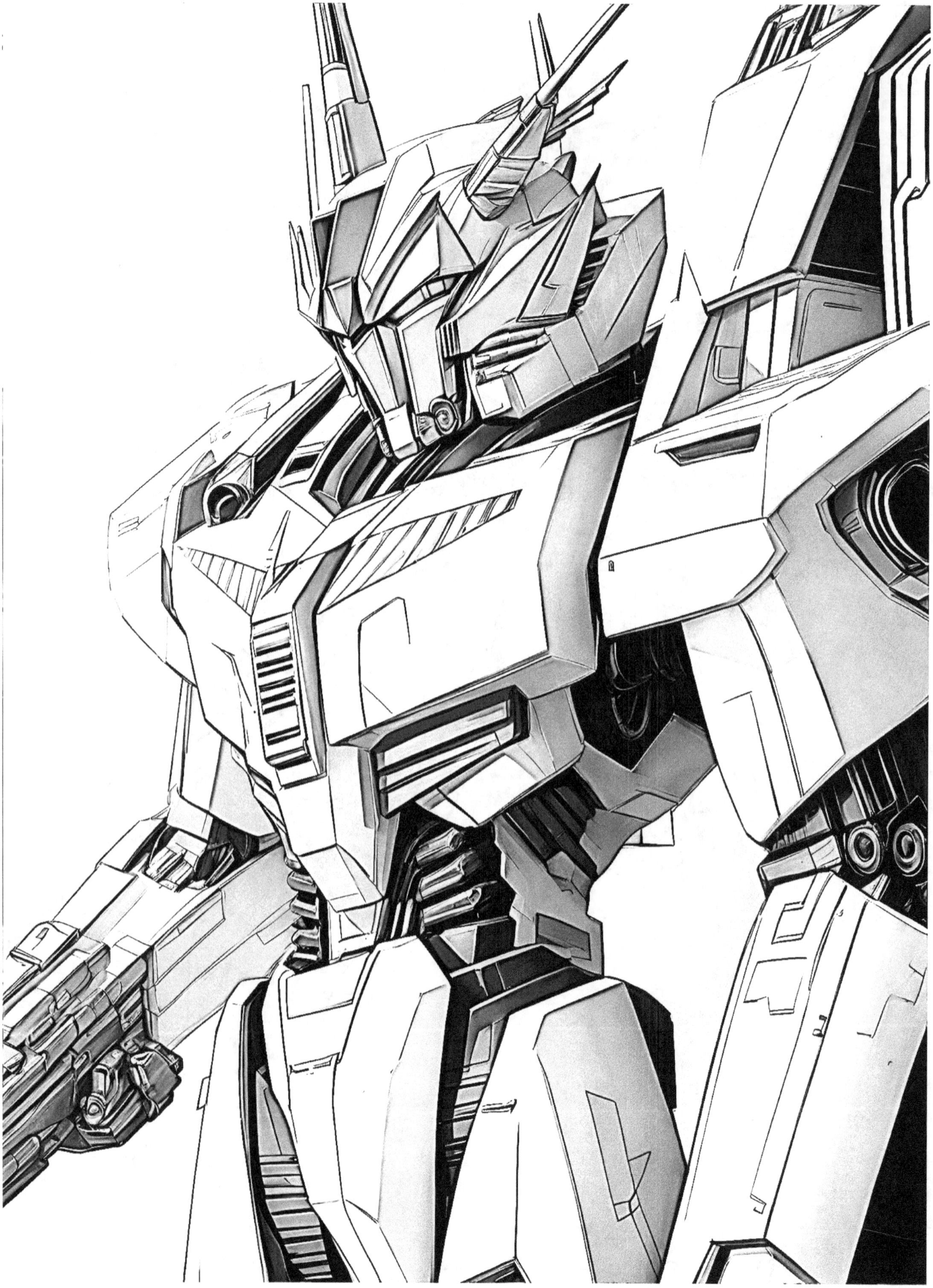

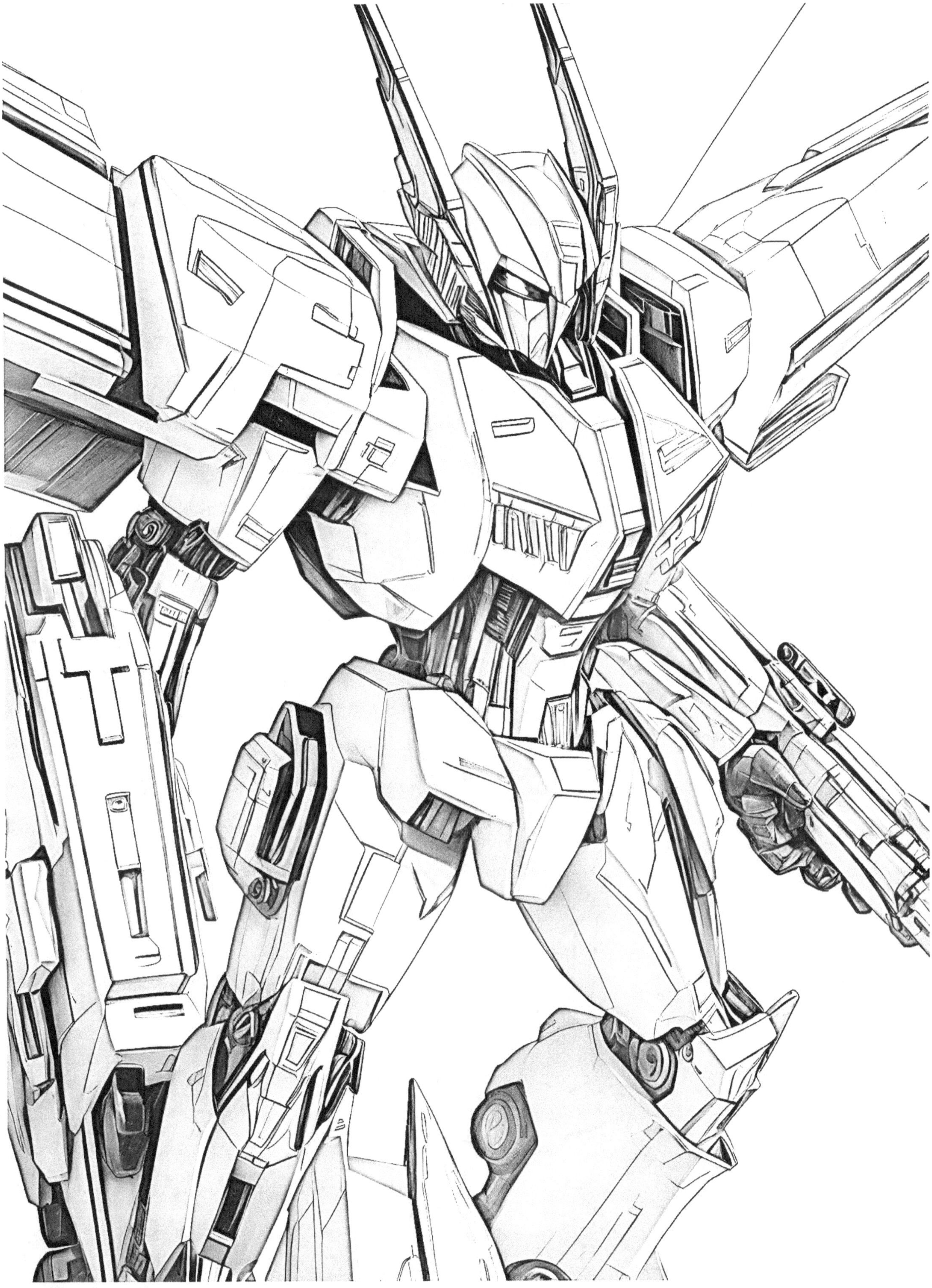

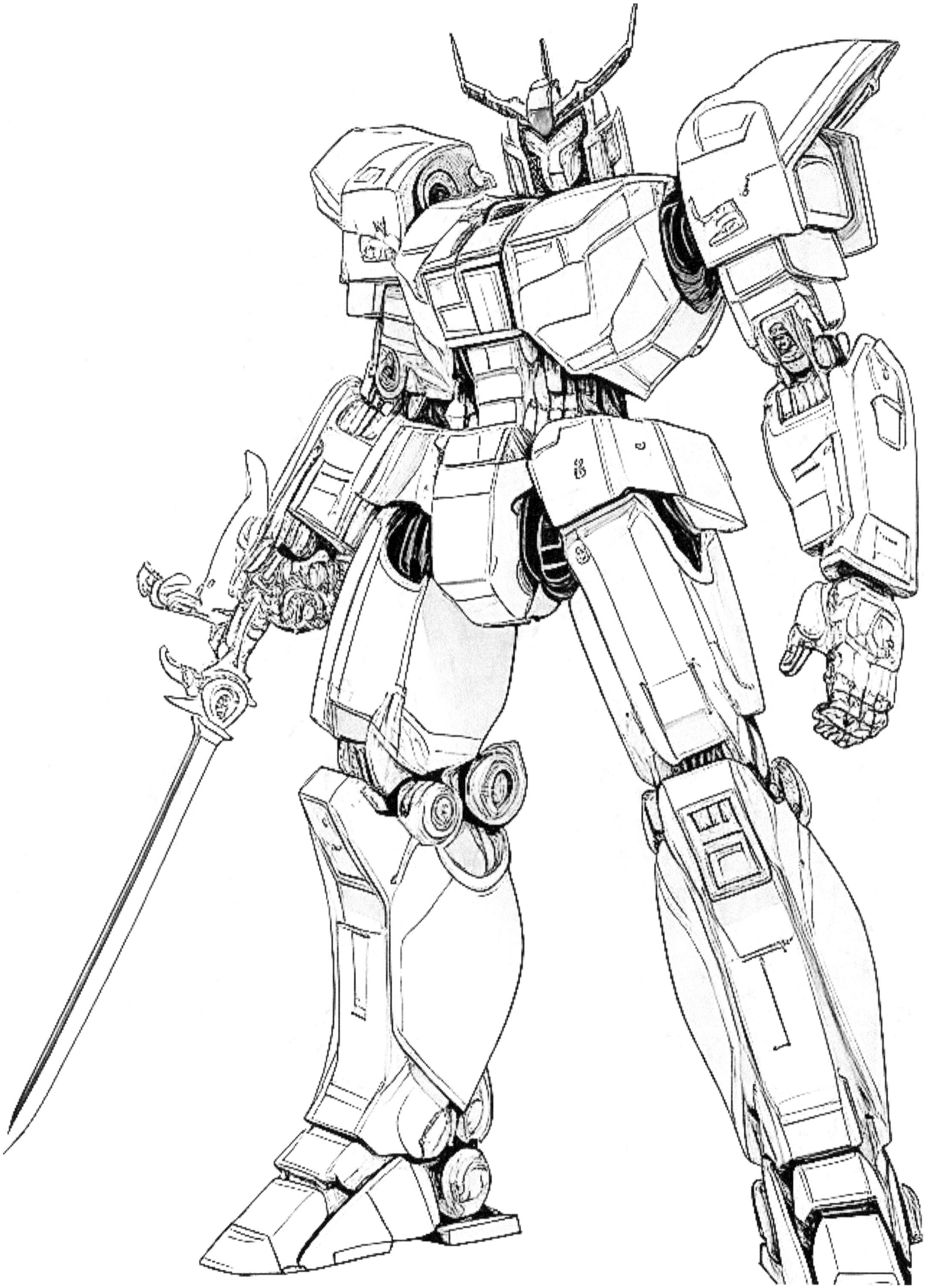

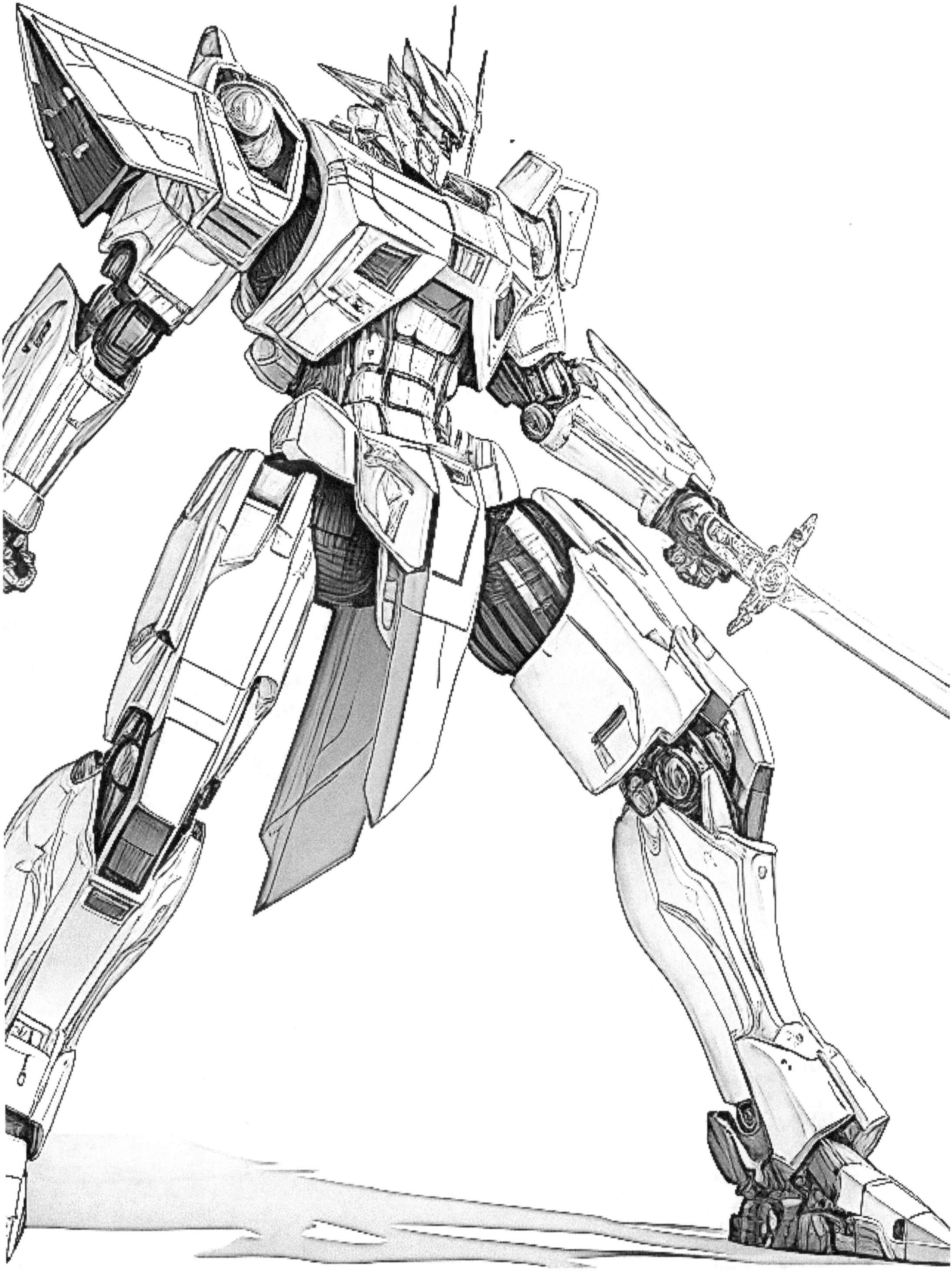

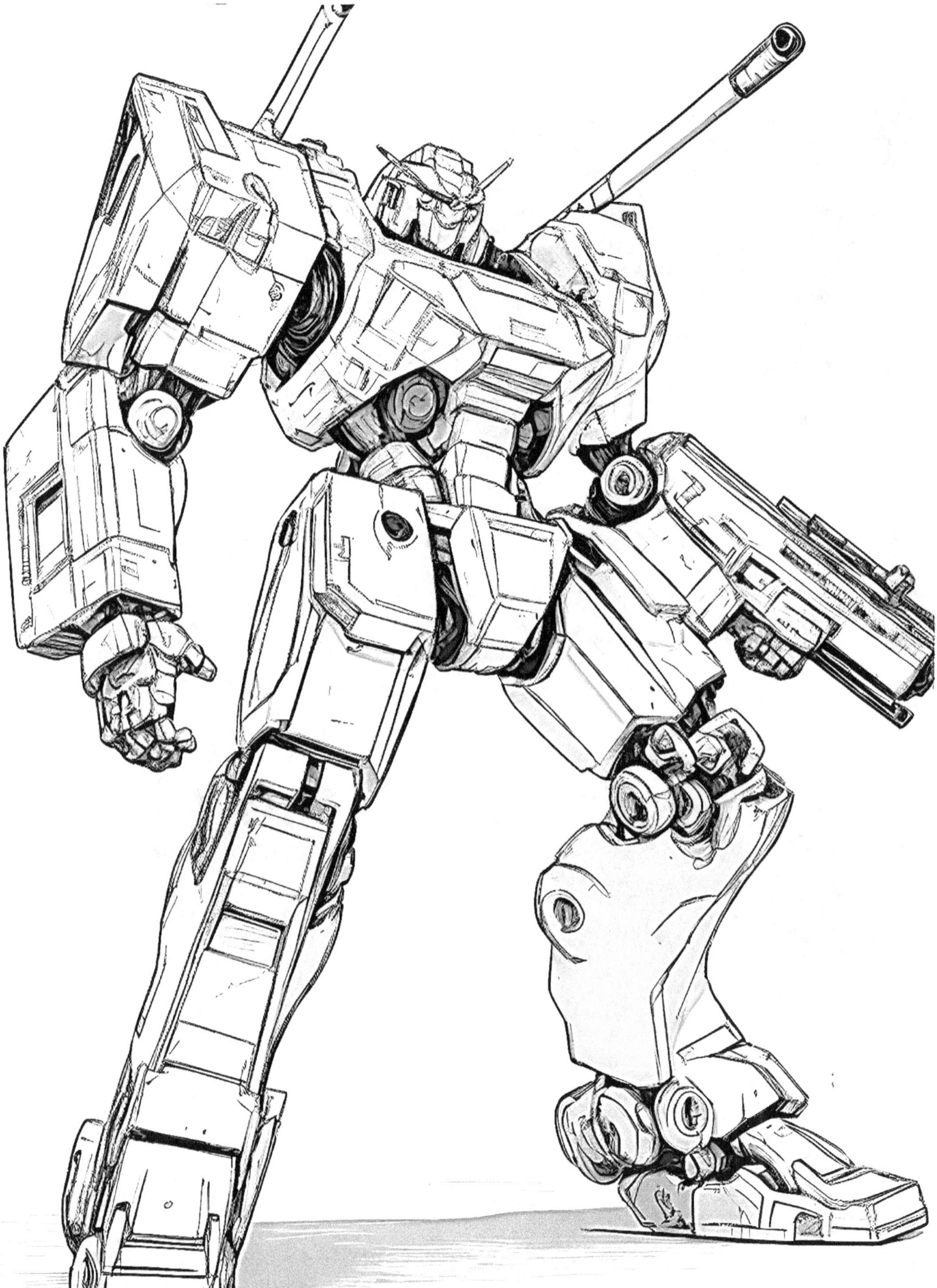

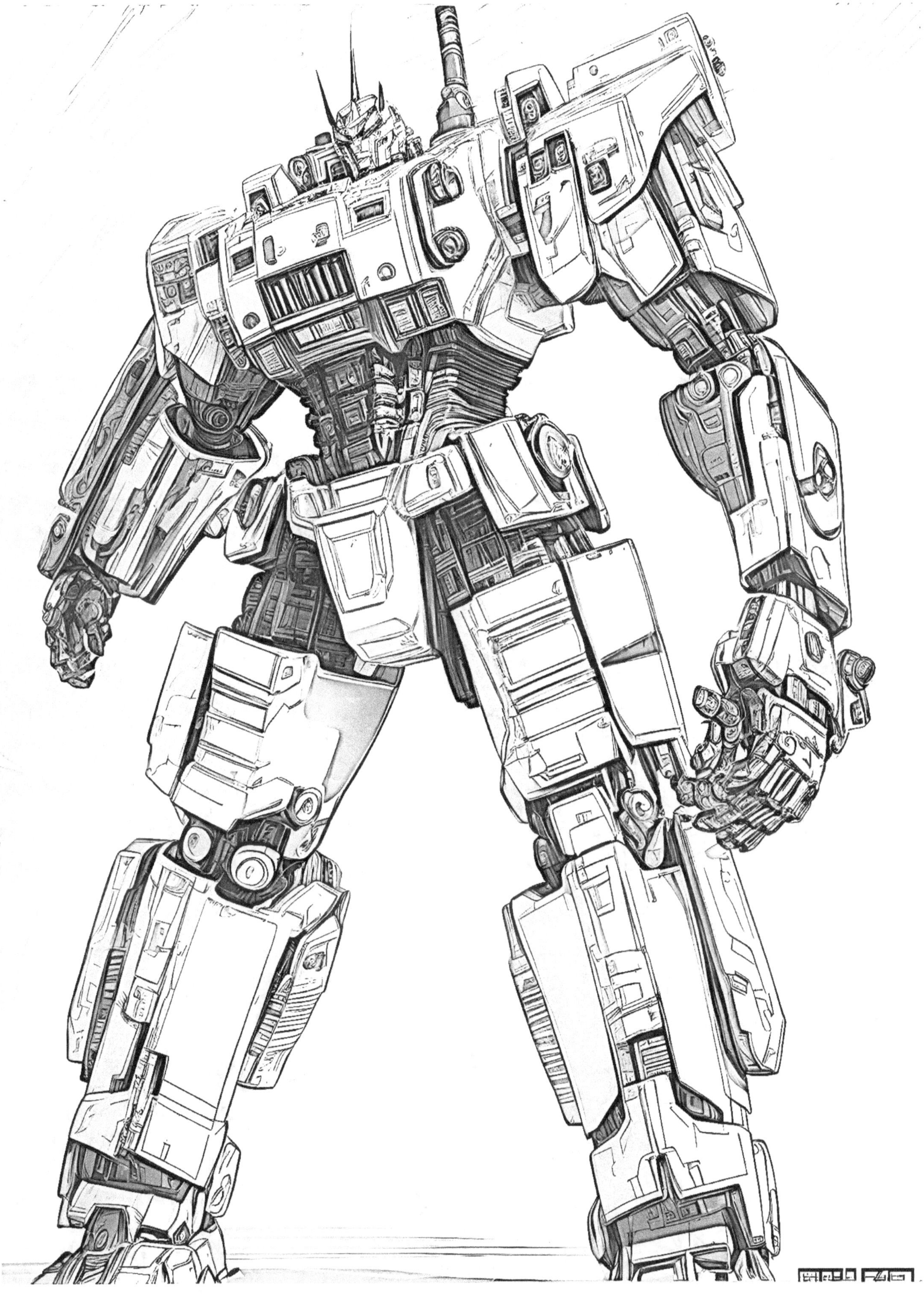

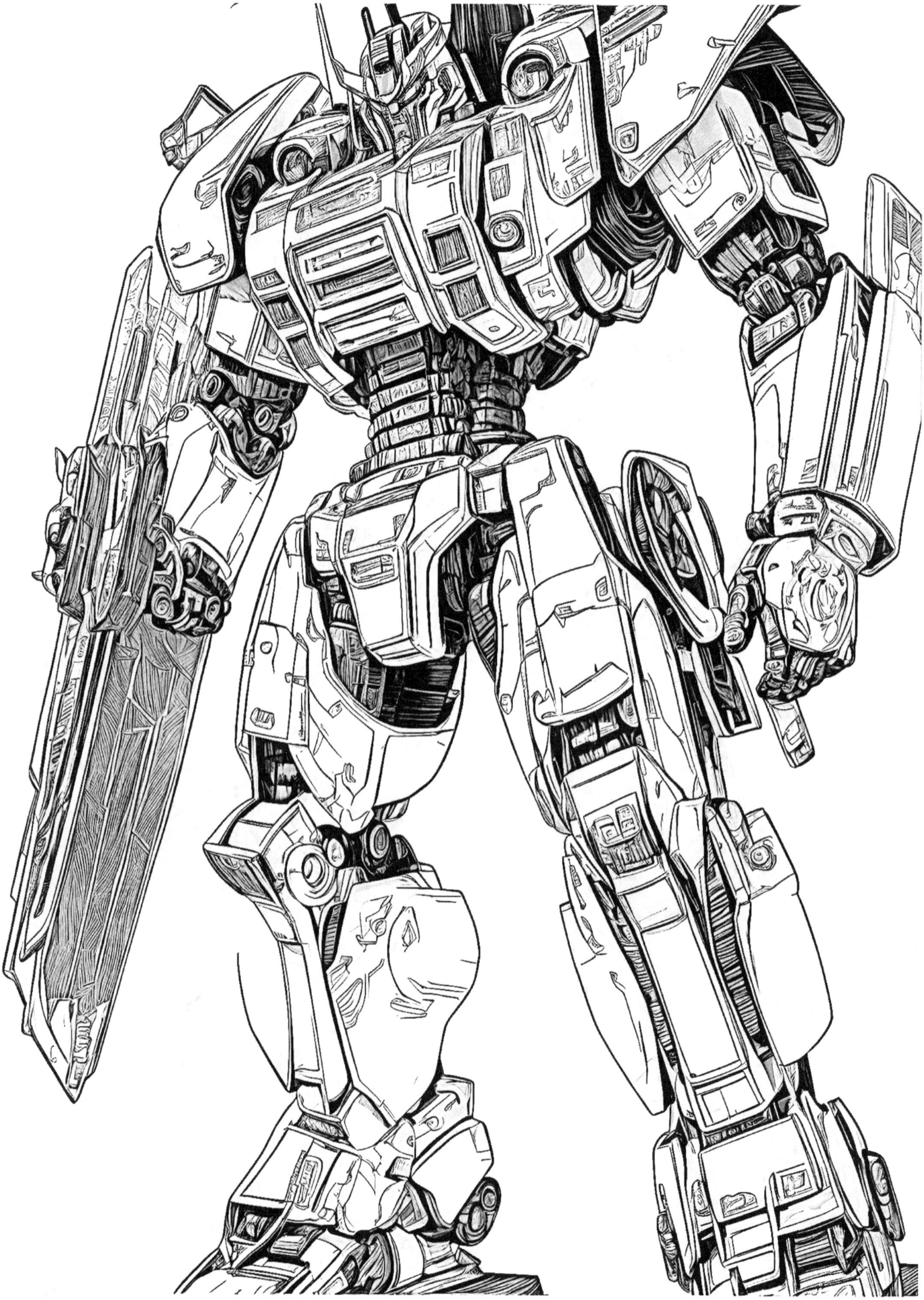

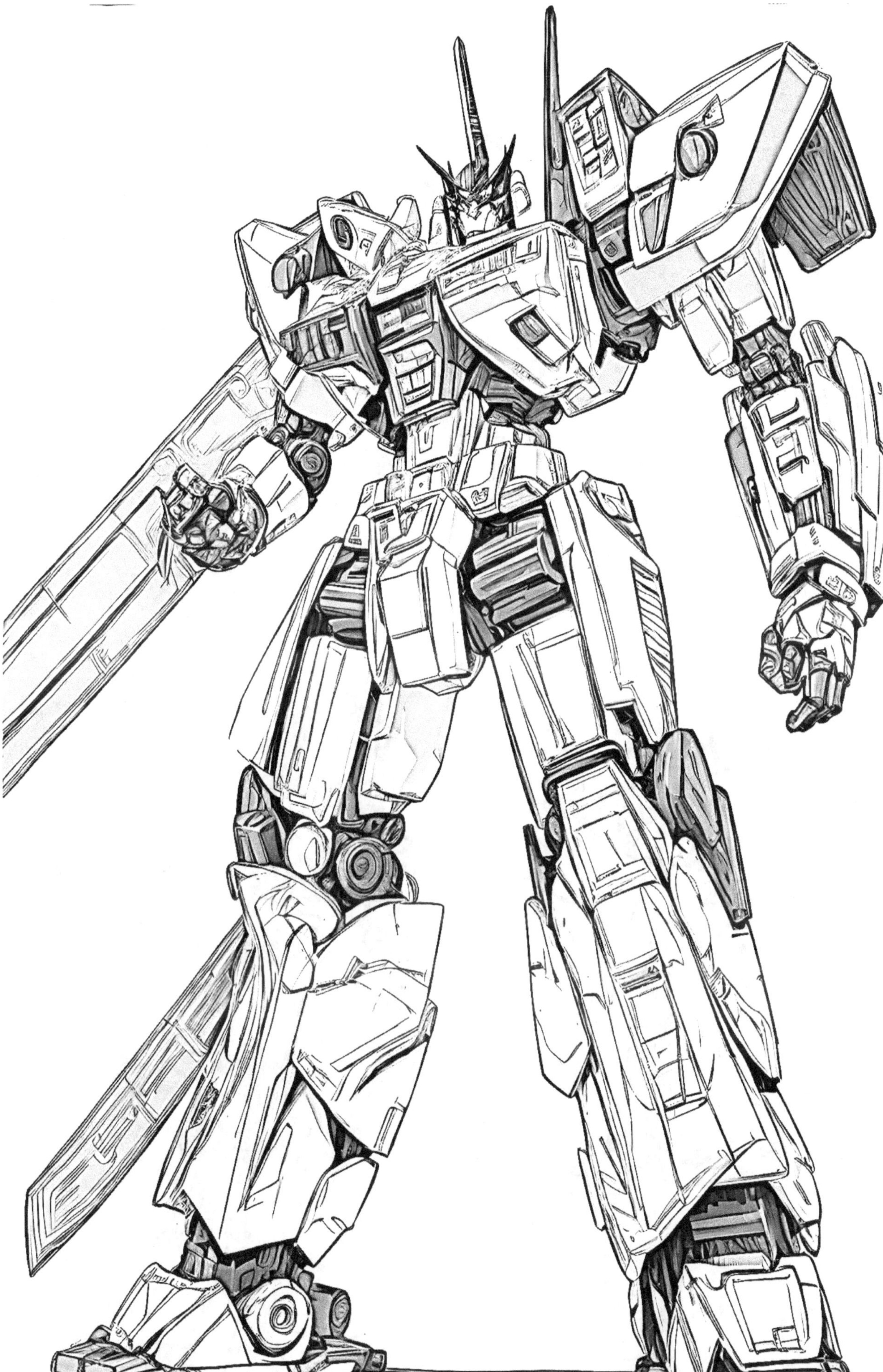

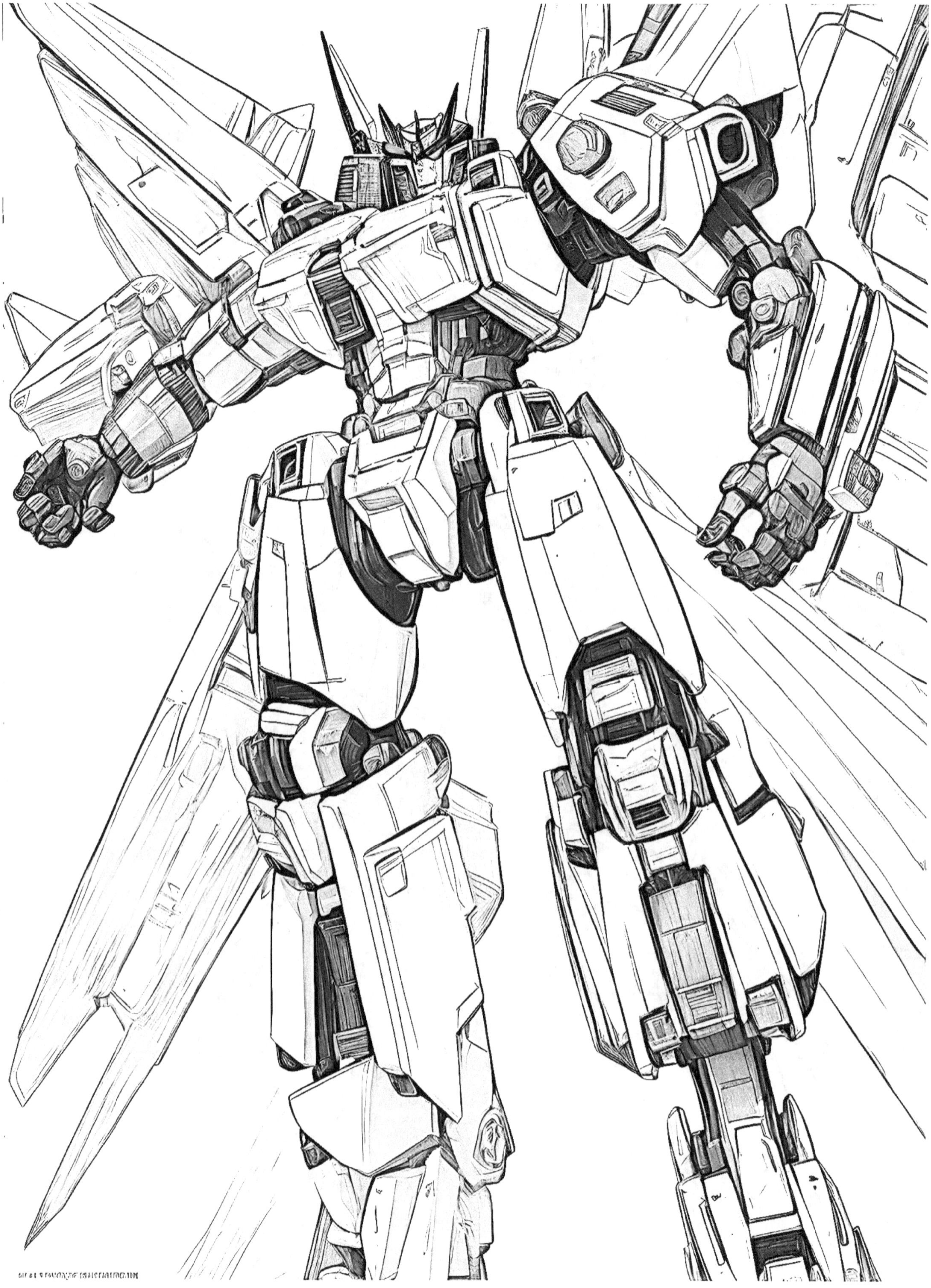

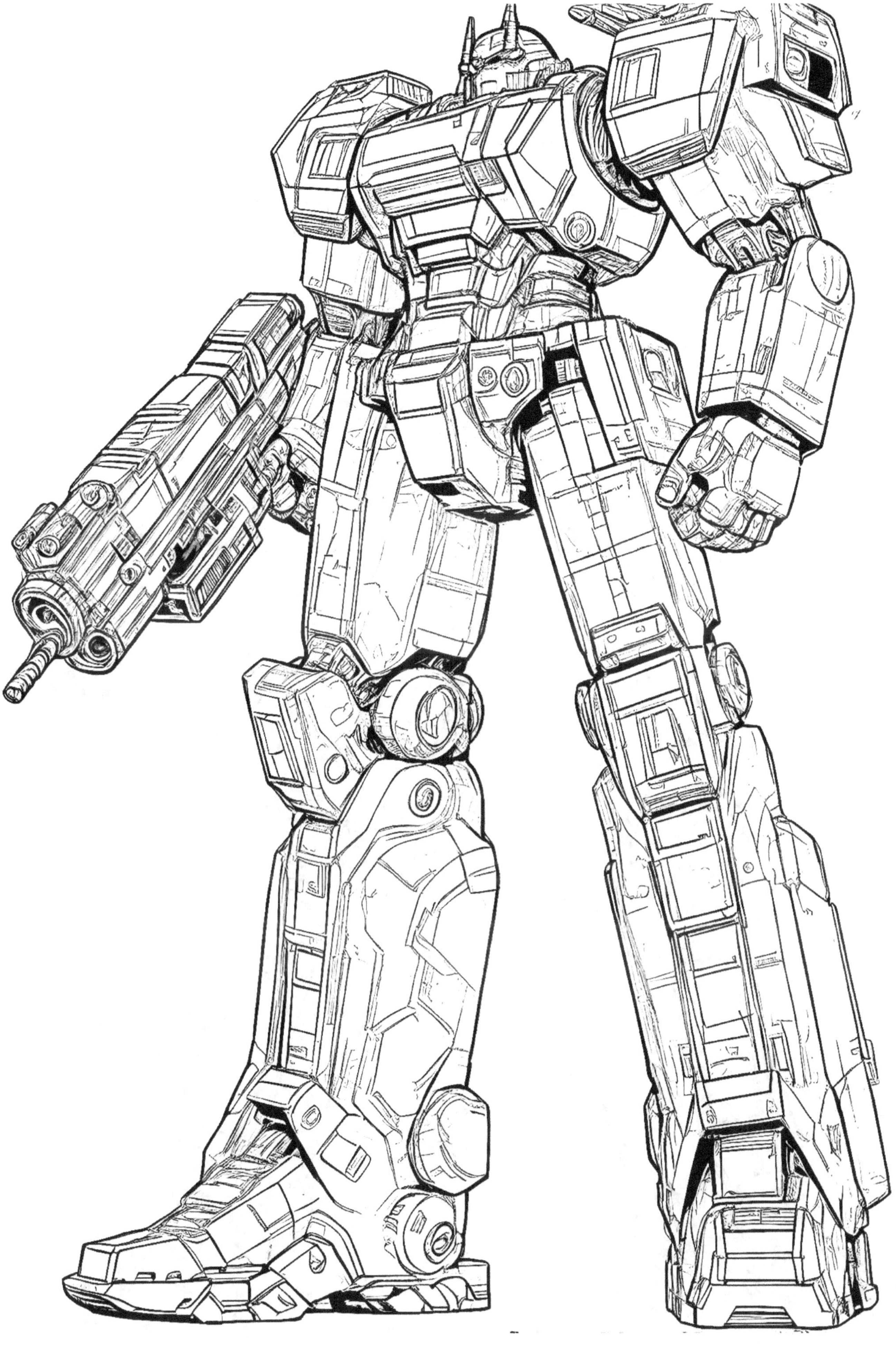

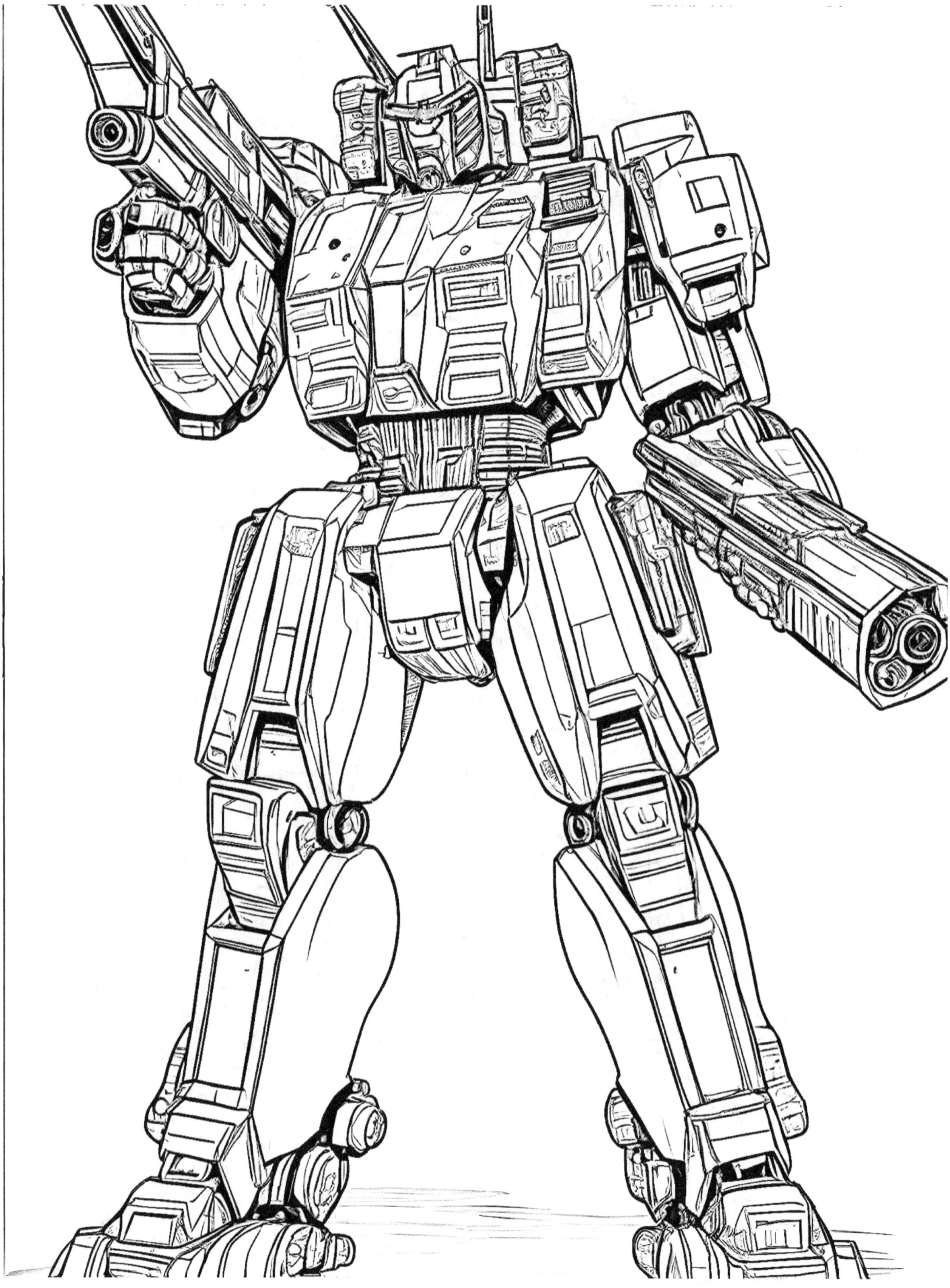

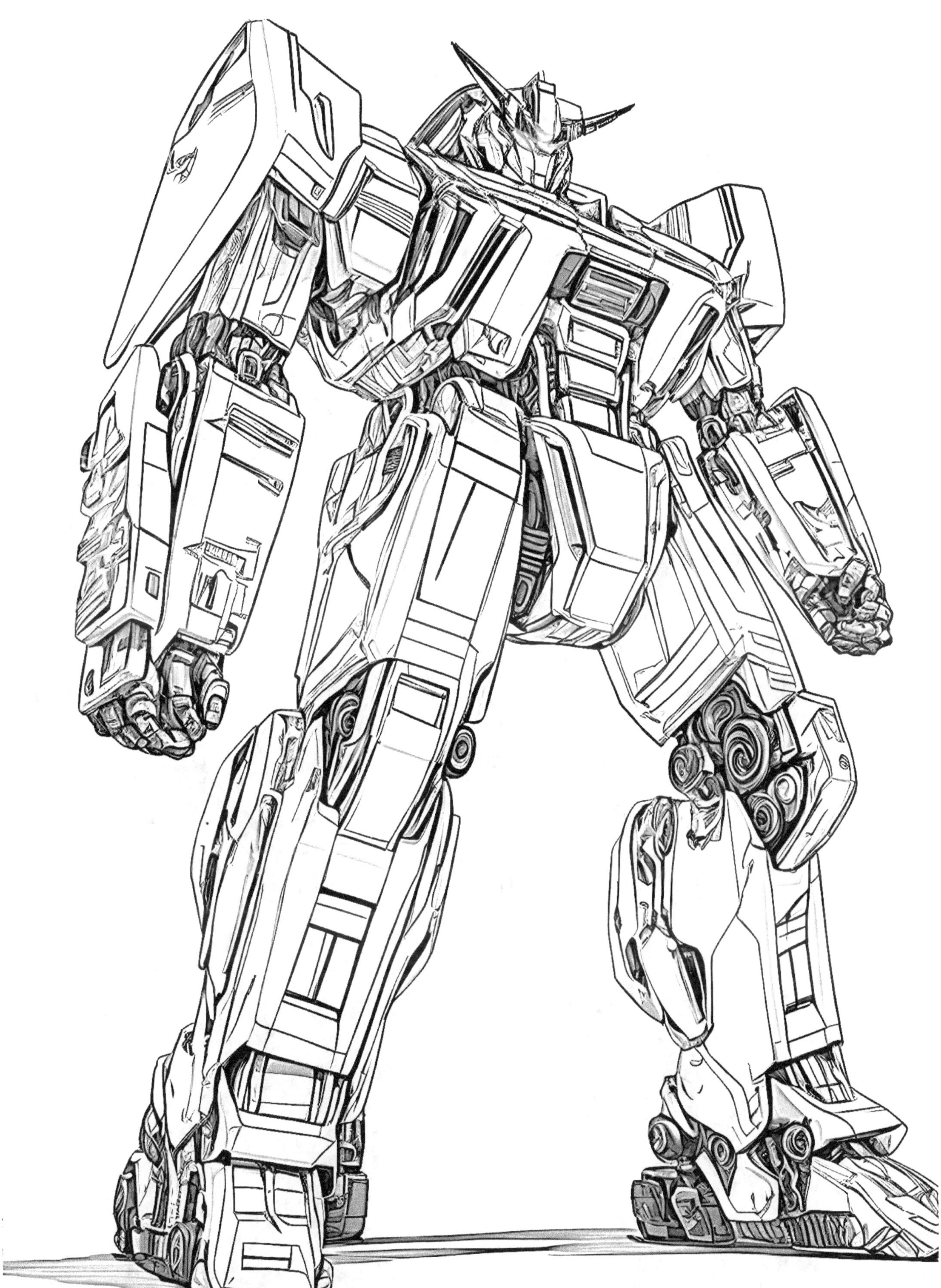

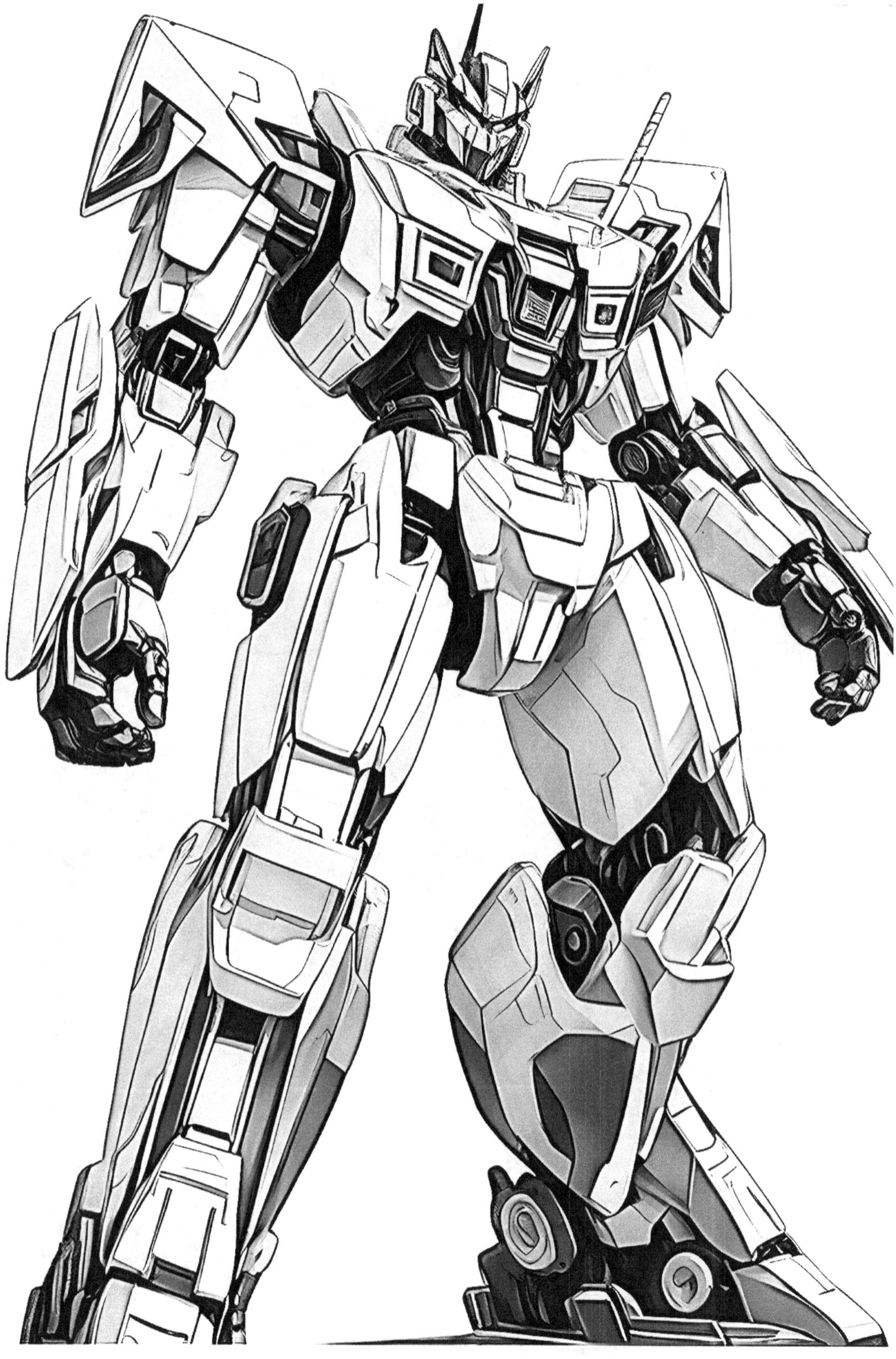

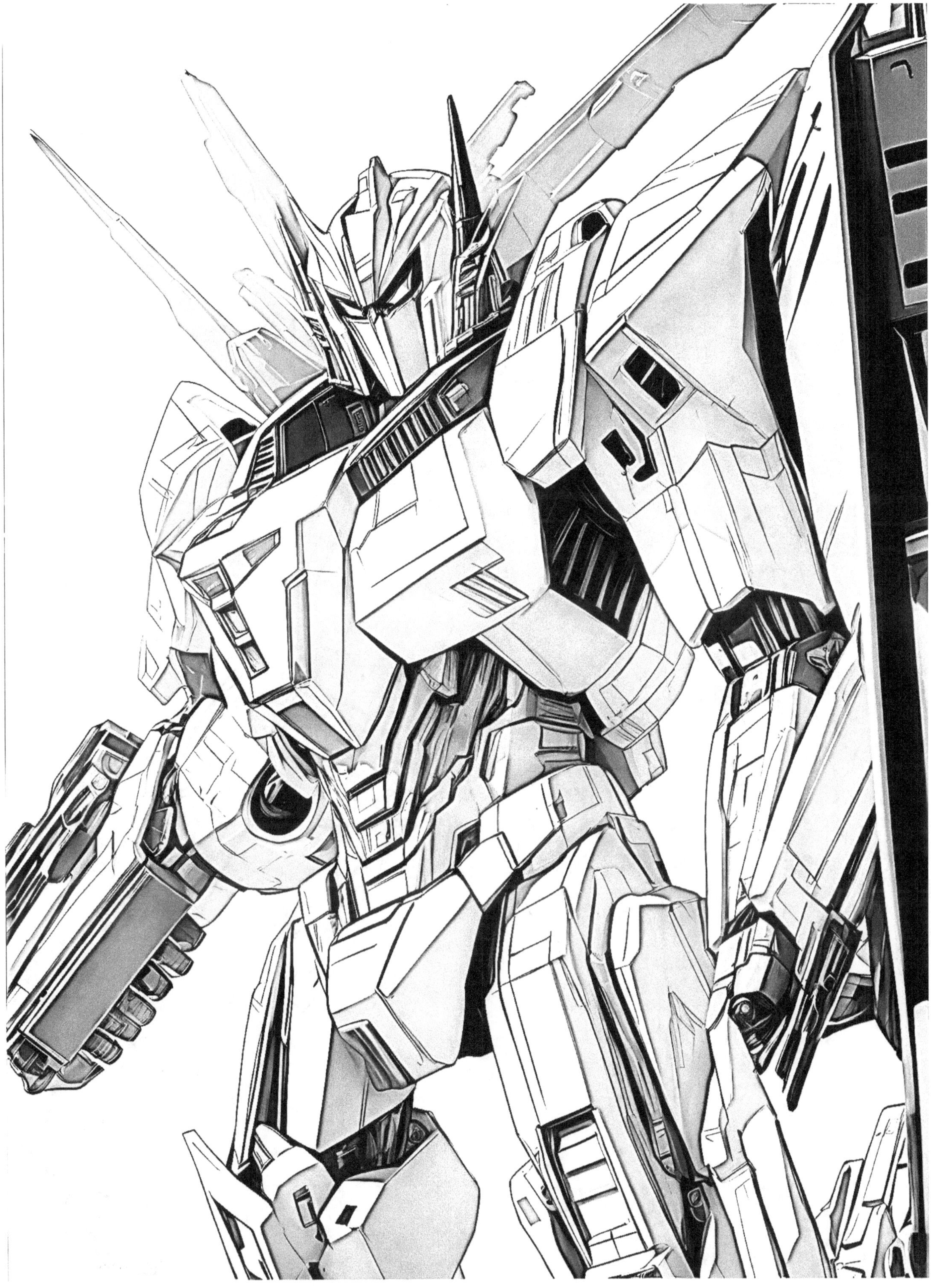

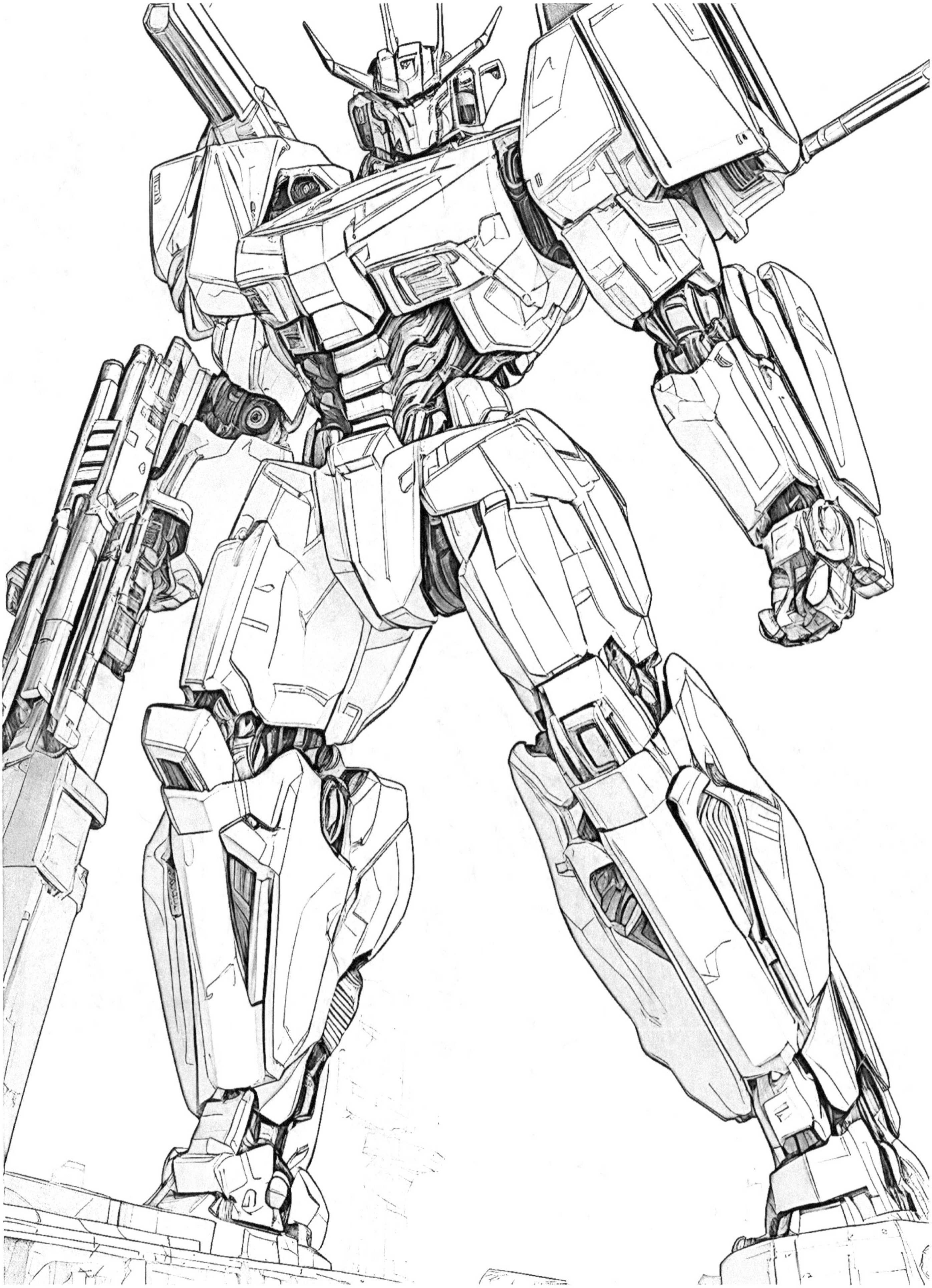

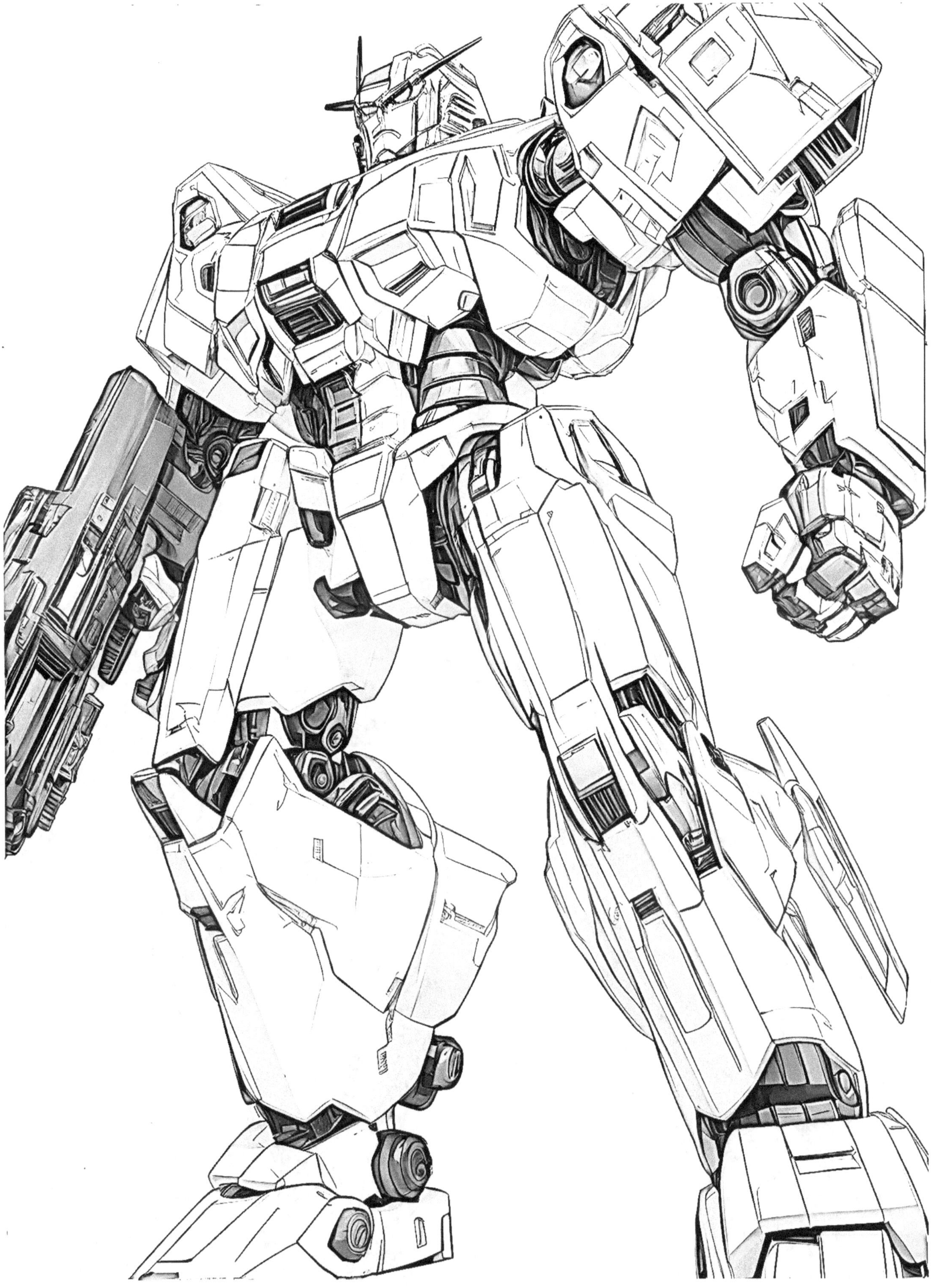

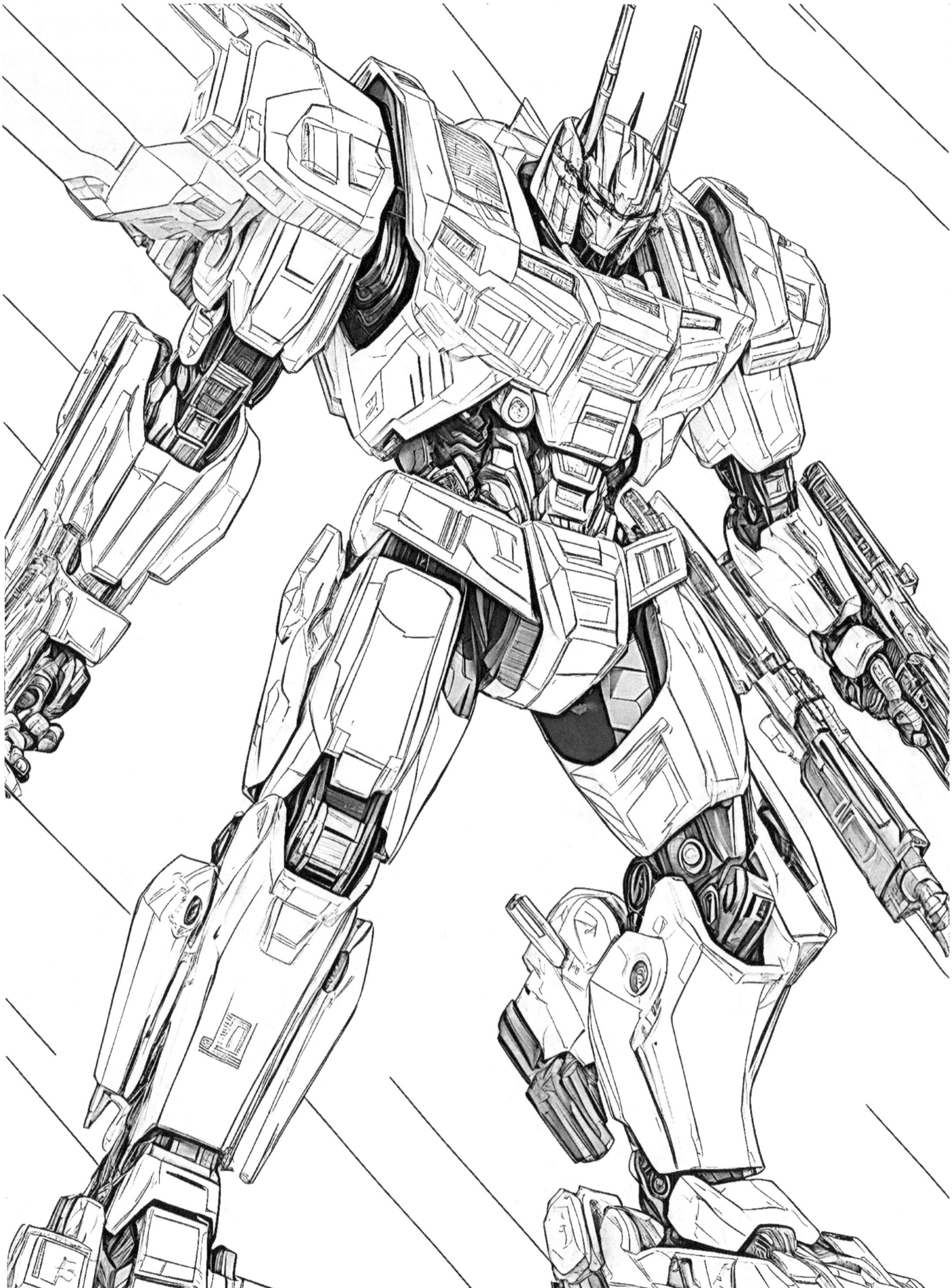

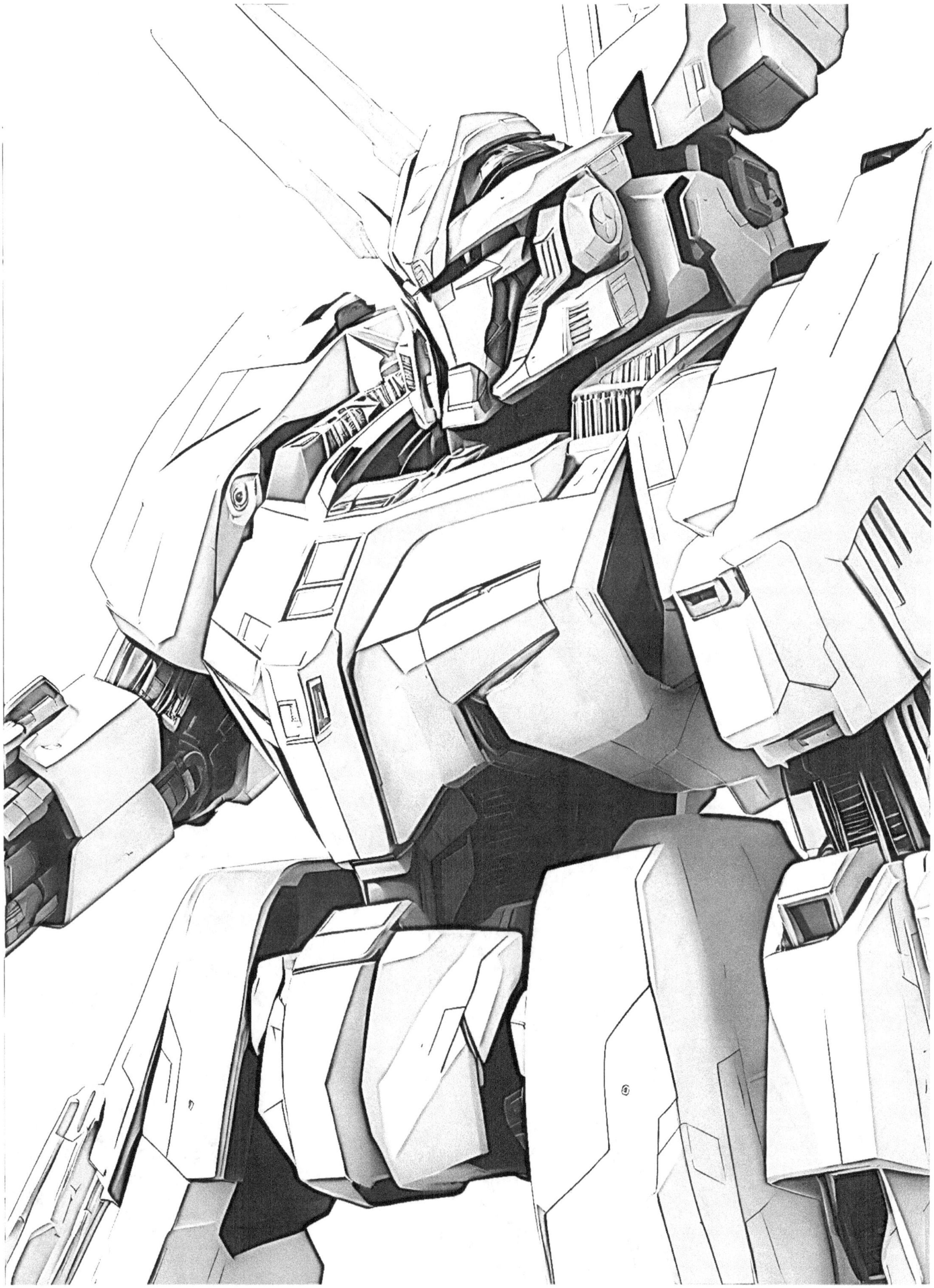

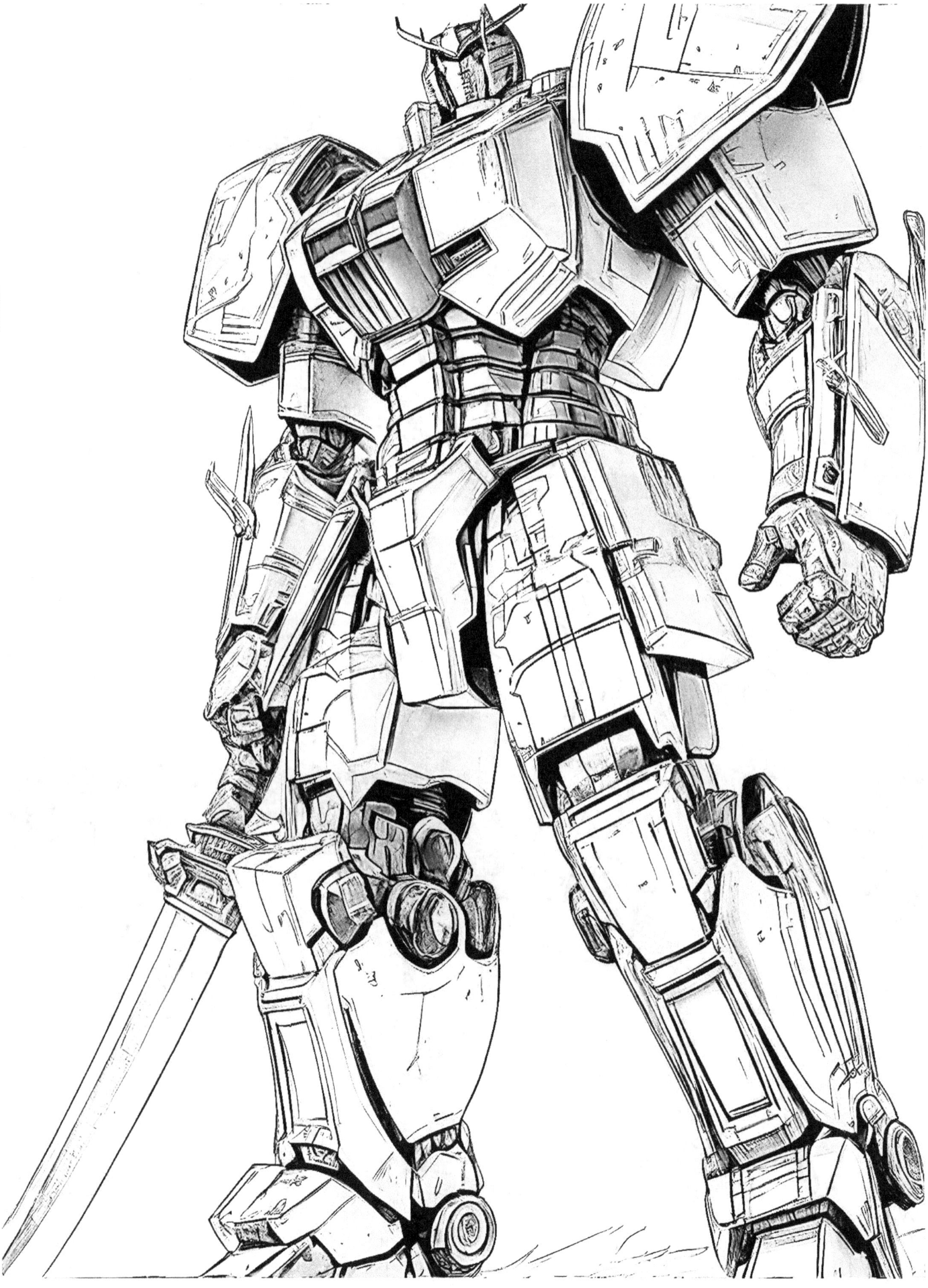

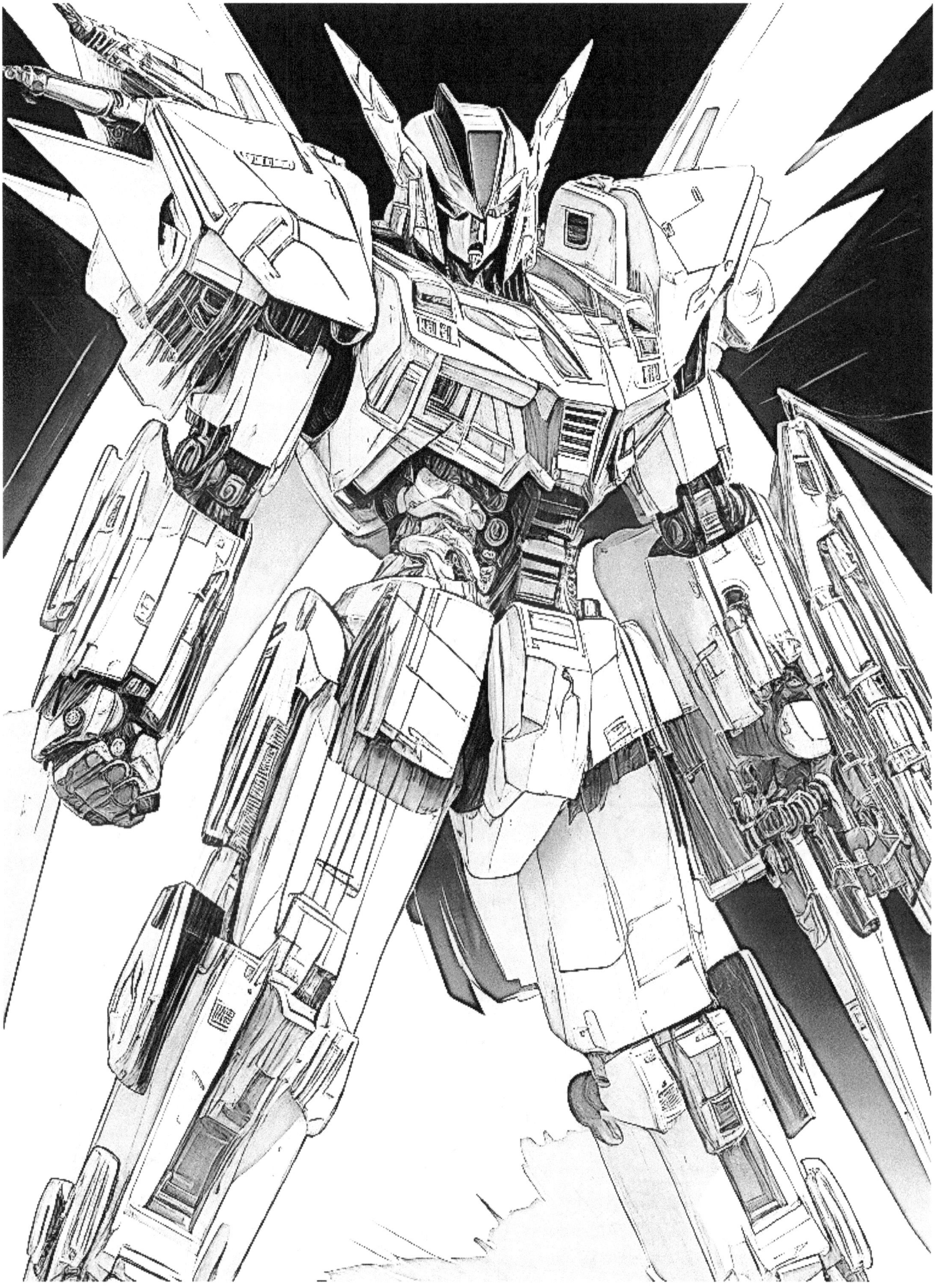

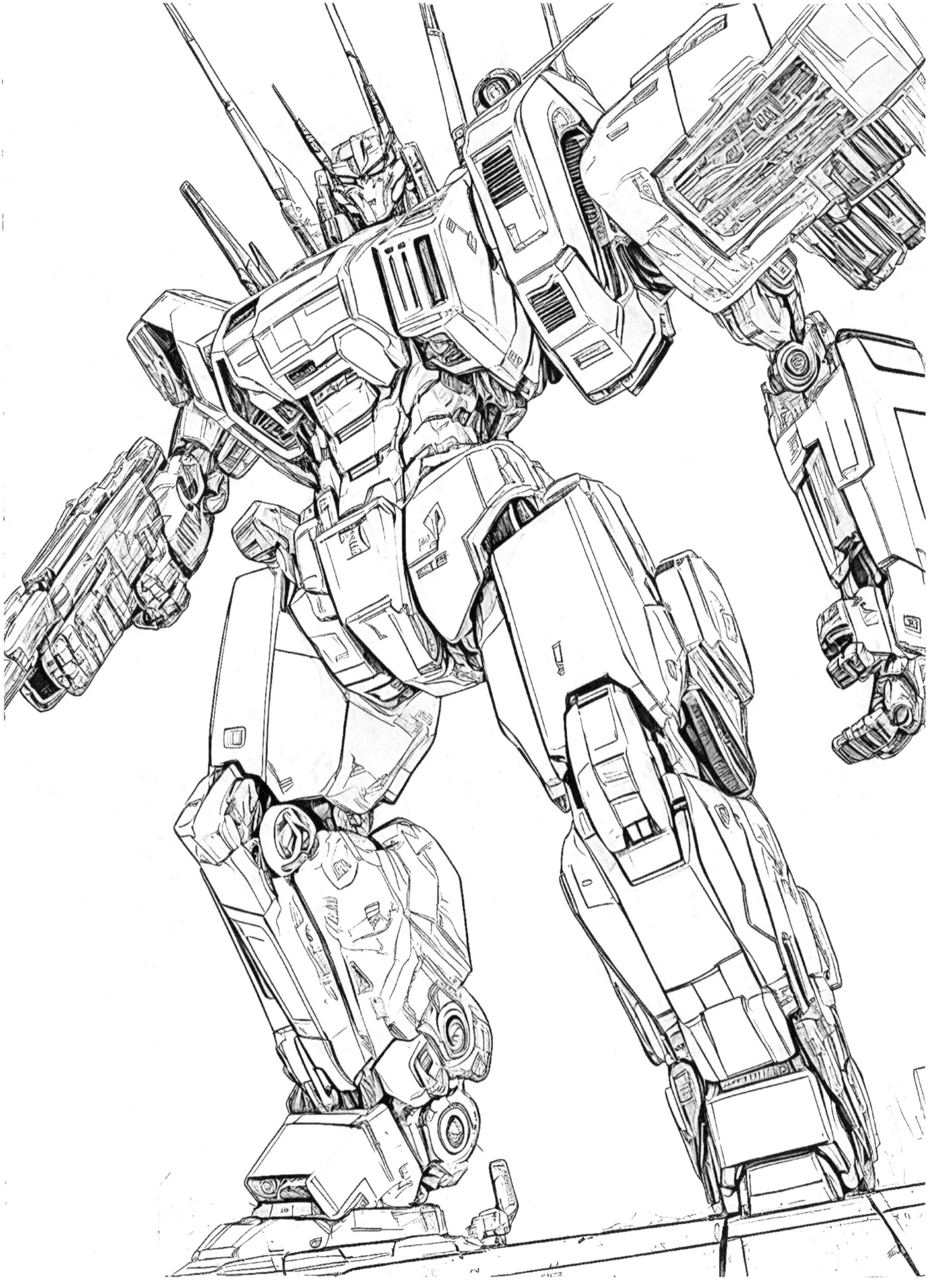

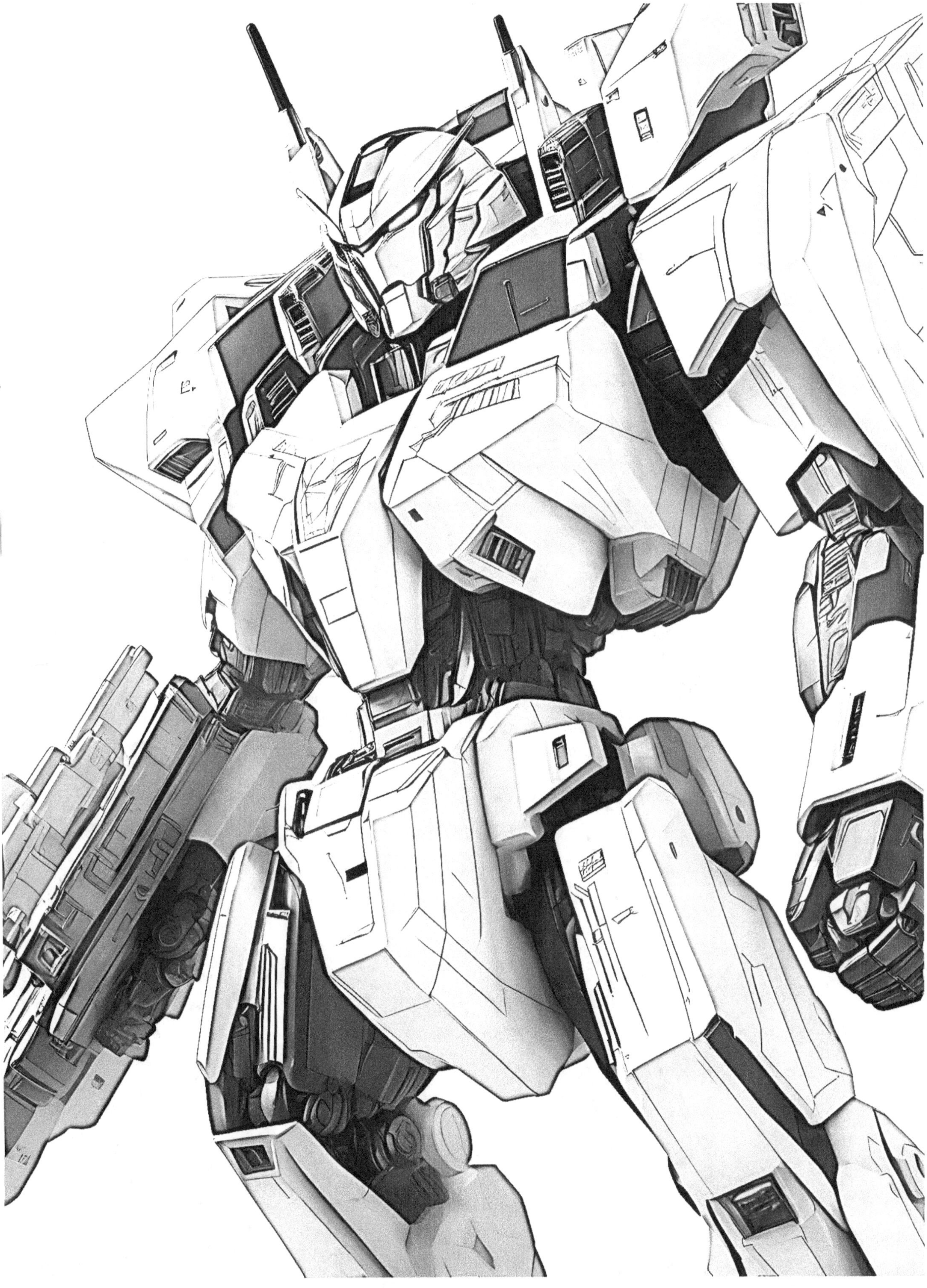

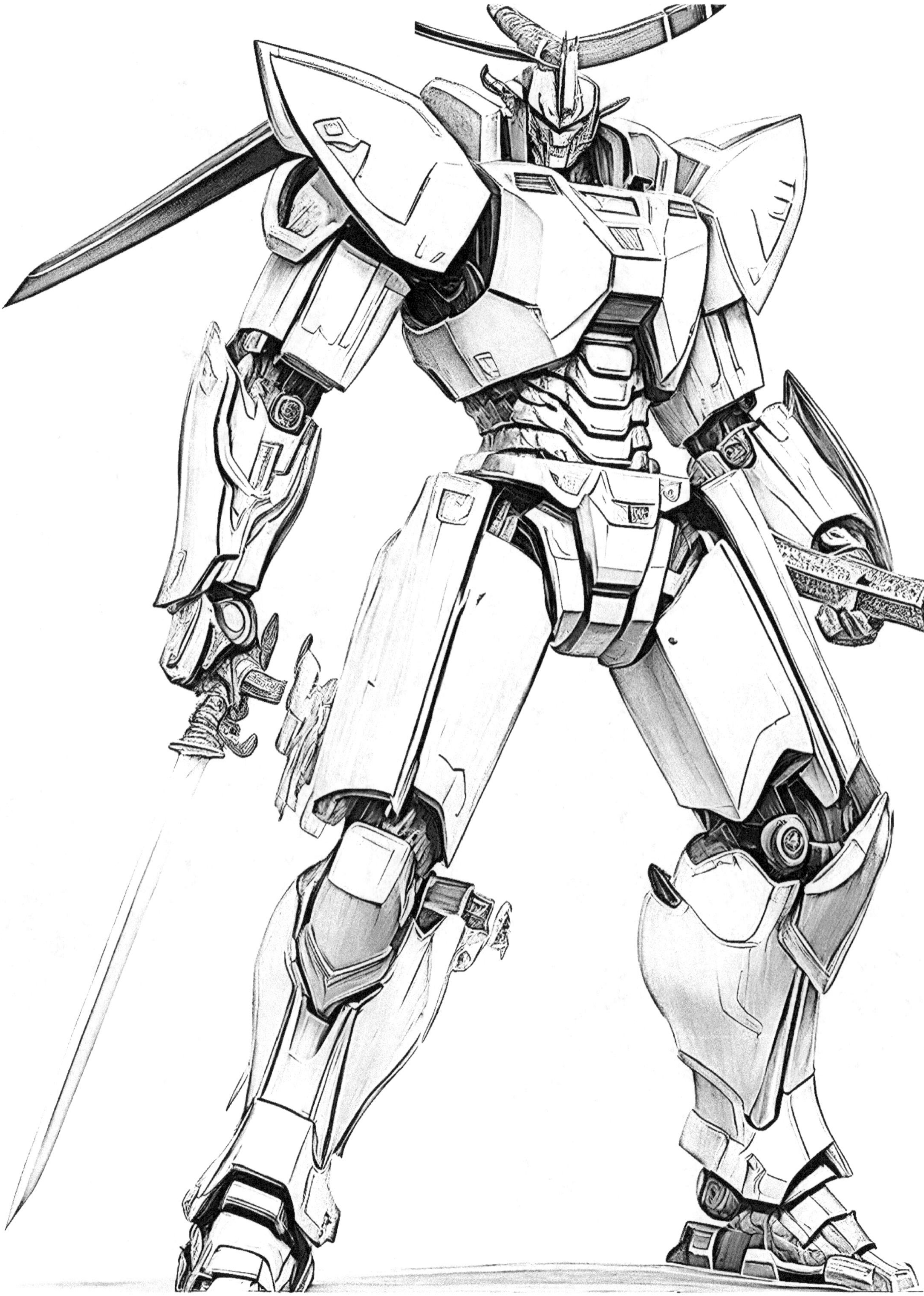

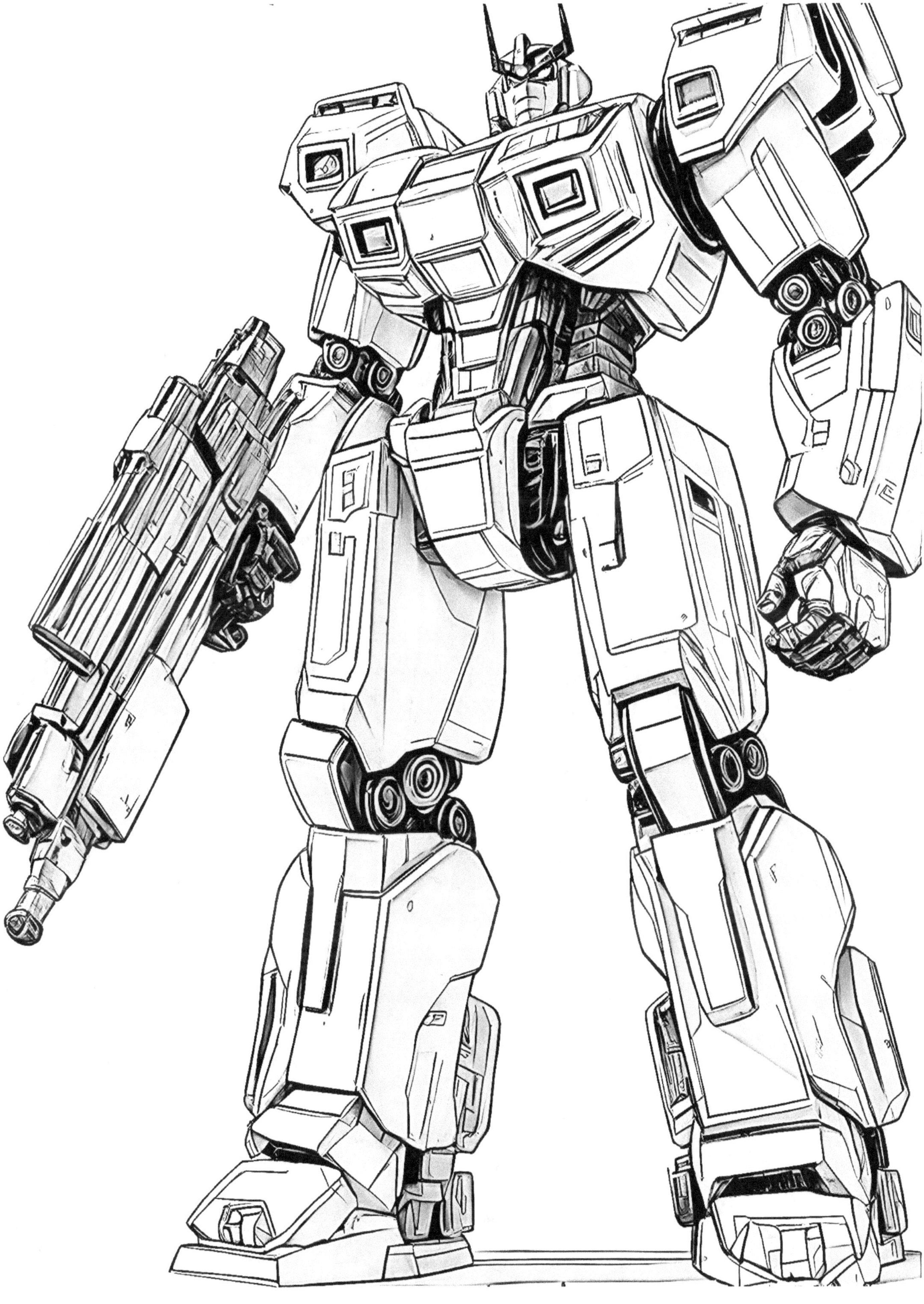

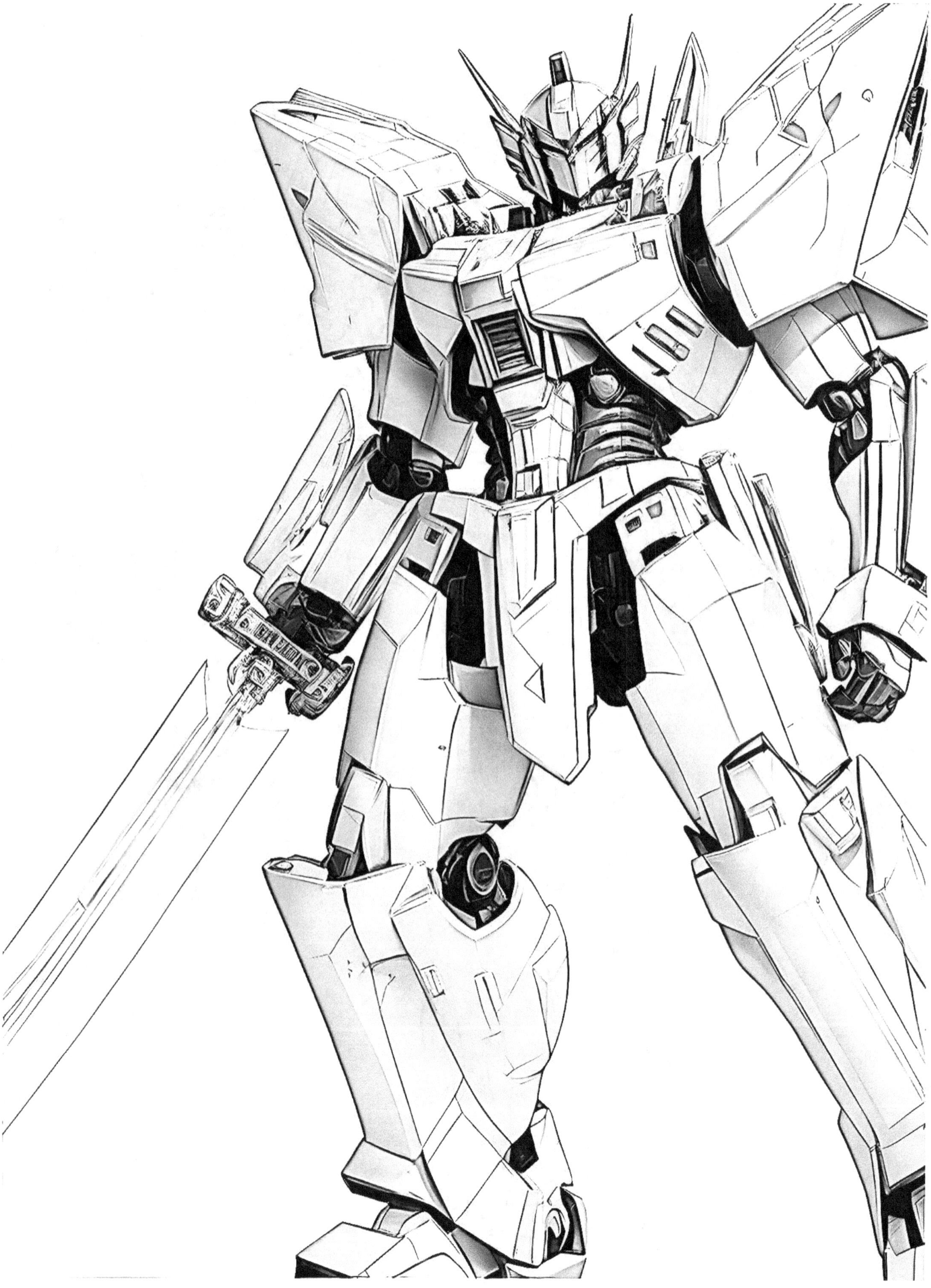

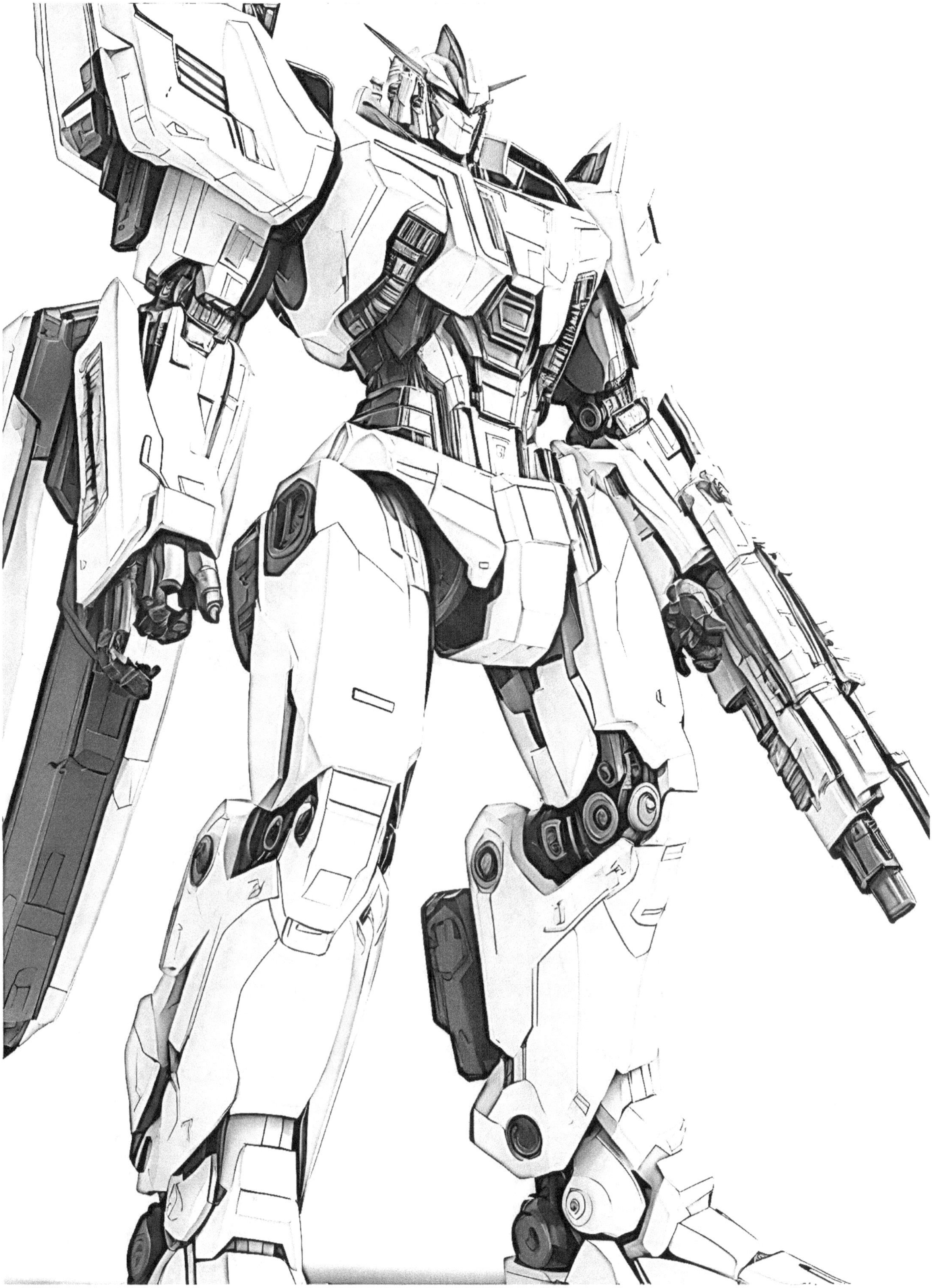

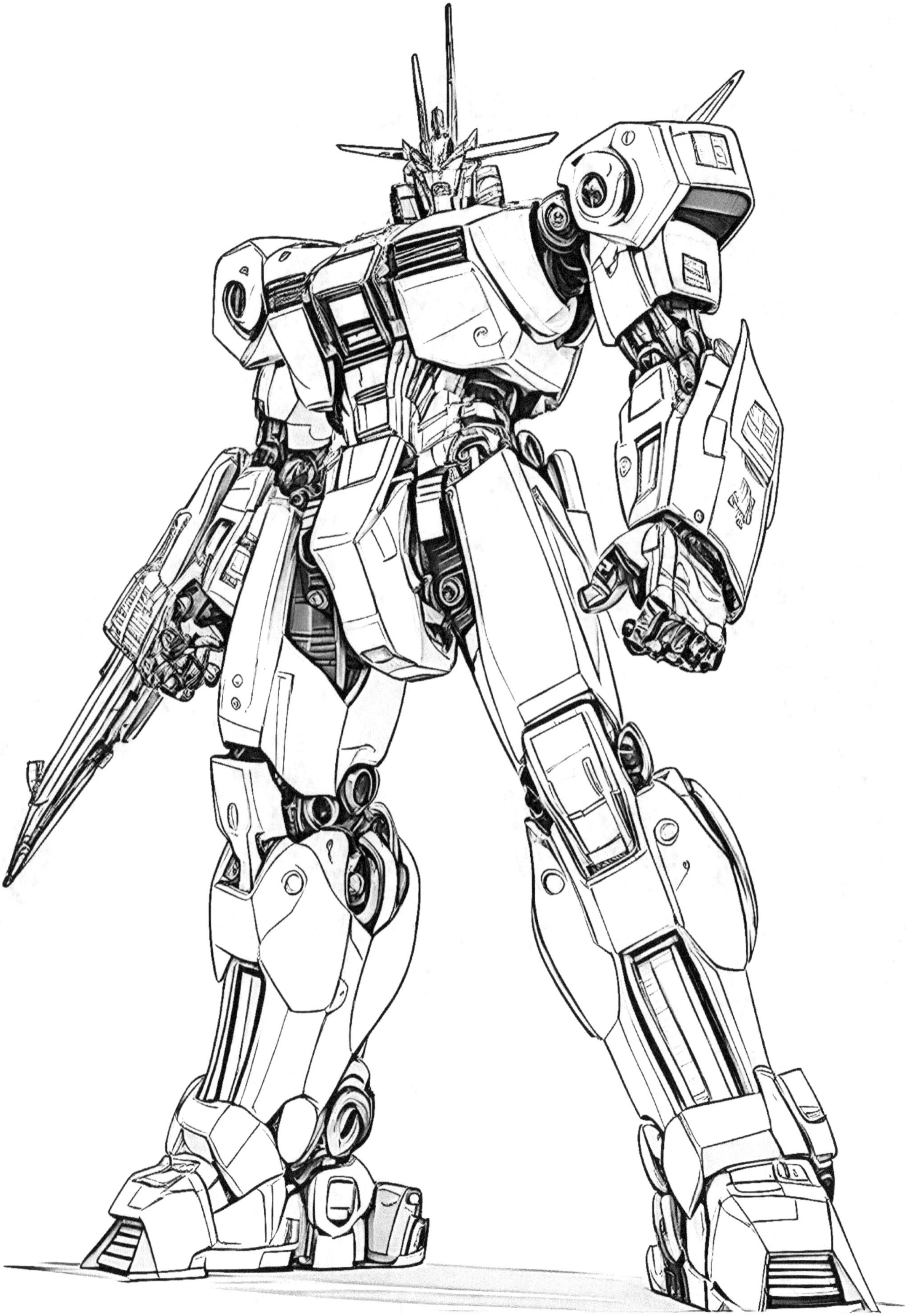

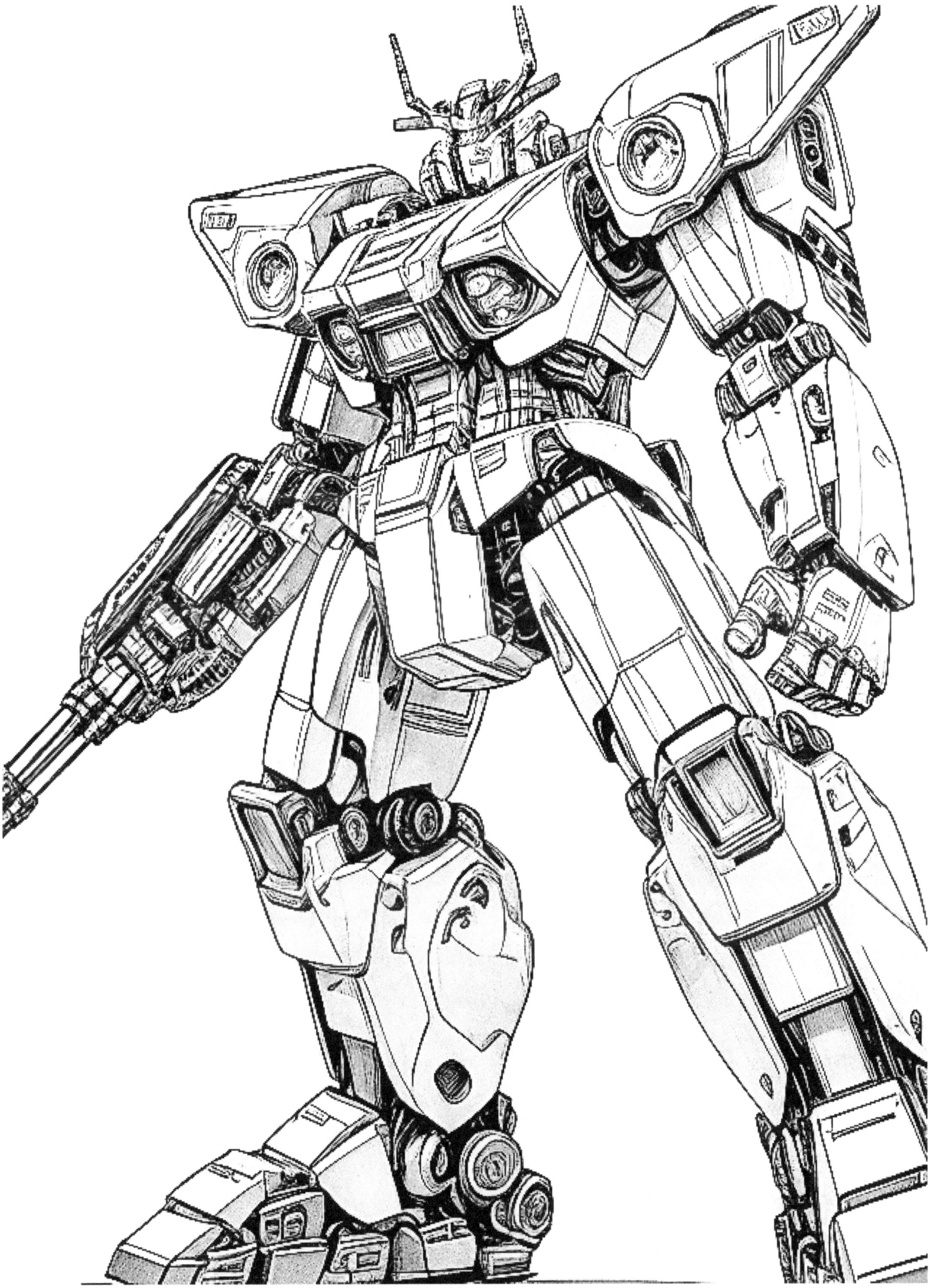

www.ingramcontent.com/pod-product-compliance
Lightning Source LLC
Chambersburg PA
CBHW080945260726
48661CB00010B/4102
* 9 7 9 8 8 6 3 6 8 6 9 3 6 *